Barbara Weber-Eisenmann

ICH KANN DAS SCHON!

humboldt

INHALT

VORWORT

Ein selbstständiges Kind, das mit beiden Beinen fest im Leben steht und sein Schicksal mutig selbst in die Hand nimmt – das ist der Wunsch vieler Eltern. Doch wie wird ein Kind selbstständig? Früher dachte man: Durch Abhärtung. Kinder, so die Grundidee der autoritären Pädagogik, sollten am besten von klein auf daran gewöhnt werden, allein klarkommen zu müssen, und bloß nicht durch viel Fürsorge verwöhnt werden. Nicht auszudenken, wie unselbstständig ein Kind werden könnte, wenn man es verzärtelt! Diese Prägungen sitzen in unserer Gesellschaft tief, sehr tief. Und so kommt es, dass Eltern noch heute immer wieder Sorge haben, der Selbstständigkeitsentwicklung ihres Kindes im Weg zu stehen, wenn sie es etwa bei sich im Bett schlafen lassen oder ihm morgens beim Anziehen helfen, obwohl es das eigentlich schon alleine kann. Es ist, als säße in solchen Momenten ein Teufelchen auf unserer Schulter, das uns drohend zuflüstert: Du wirst schon sehen, was du davon hast, dein Kind so zu verwöhnen. Das wird jetzt eine schlechte Angewohnheit, und die kriegt ihr *nie wieder los!*

Doch das Teufelchen hat Unrecht. So funktioniert das nicht. Denn das Paradox kindlicher Entwicklung ist, dass echte Selbstständigkeit aus der Erfahrung erwächst, einmal klein, hilflos und unselbstständig gewesen zu sein – und zugewandte Fürsorge erfahren zu haben. Kinder werden nicht selbstbewusst und stark, wenn wir sie alleine lassen. Sondern wenn wir sie beständig darin bestärken, in kleinen Schritten groß zu werden, in ihrem ganz eigenen Tempo. Dabei brauchen sie die zuversichtliche Bestärkung zum Selbermachen ebenso wie die sanfte emotionale Rückversicherung, wenn eine Aufgabe noch zu schwierig erscheint. Du darfst alles lernen, aber du musst es jetzt noch nicht alleine können – das ist die Botschaft, nach der Kinder sich sehnen und die sie von uns brauchen.

Doch wie geht das konkret: Kinder ermutigen, selbstständig und groß zu werden, ohne zu drängen und zu drohen – und vor allem, ohne sie dabei alleinzulassen? Darüber schreibt Barbara Weber-Eisenmann in diesem Buch wie gewohnt mit so viel Wärme wie Sachverstand. Als erfahrene Pädagogin, aber auch als Mutter weiß sie: Selbstständigkeit entsteht nicht über Nacht, sondern in vielen alltäglichen Interaktionen, in denen es feinfühlig auszuloten gilt, welche Bedürfnisse gerade Raum brauchen und wann es an der Zeit ist, zugewandt auch Zumutungen zu verteilen. Das feine Wechselspiel zwischen Schützen und Schubsen, zwischen Zutrauen und Rückversicherung geben – Barbara Weber-Eisenmann schlüsselt es auf und macht anhand vieler alltagspraktischer Beispiele greifbar, was es wirklich bedeutet, ein Kind in die Selbstwirksamkeit zu begleiten. Dabei spart sie nicht aus, dass dieser Weg manchmal auch Frust und Ärger bedeutet – für Eltern wie für Kinder. Doch auch das darf sein. Denn das eigene Selbst zu finden, ist keine rein harmonische Angelegenheit, sondern ein vielschichtiger Entwicklungsprozess, zu dem Spannungen – in uns selbst und im Miteinander – nicht nur dazugehören, sondern auch eine wichtige Funktion haben. Denn indem Kinder sich an uns und manchmal auch an sich selbst reiben, entwickeln sie Resilienz und formen so ihre ganz eigene Persönlichkeit heraus, die auch an Widerständen wachsen kann.

Ich freue mich, dass mit diesem Buch nun Eltern, aber auch pädagogischen Fachkräften ein so zugewandter wie zeitgemäßer Wegbegleiter durch die Selbstständigkeitsentwicklung unserer Kinder zur Verfügung steht. Möge er möglichst vielen Menschen dabei helfen, Kindern vertrauensvoll und klar zur Seite stehen, während sie ihren Willen, ihre Kraft und ihren Platz in der Welt entdecken – selbstständig, aber nicht allein.

Ihre

Nora Imlau

SO HILFT DIR DIESES BUCH

Hallo, schön, dass du da bist! Du hast dieses Buch gekauft, um dein Kind so gut es geht durch den Alltag zu begleiten. Ich gebe dir Impulse, wie du es dabei altersgerecht in eure Abläufe miteinbeziehen kannst und dadurch euren Alltag leichter machst. So stärkst du dein Kind und euer Familienleben.

Der Alltag mit deinem Kind ist bereichernd, spannend und voller neuer Abenteuer. Du begleitest dein Kind jeden Tag beim Großwerden. Ihr erlebt viele gemeinsame Momente, die ihr in wertvoller Erinnerung behalten werdet.

Manchmal aber ist der Alltag auch stressig und von äußeren Faktoren wie Job, Terminen und anderen Rahmenbedingungen geprägt. Am Abend fragst du dich an einem solchen Tag oft, wo er eigentlich geblieben ist. Vielleicht auch, ob dein Kind zu kurz gekommen ist. Das ist völlig normal.

Diese Sorge möchte ich dir nehmen: Dein Kind erlebt euren Alltag ebenfalls, hat aber oft eine ganz andere Erwartungshaltung als du. Für dein Kind ist vieles daran noch faszinierend und es erlebt ihn spielerisch. Es ist ein Forscher und Entdecker und lernt jeden Tag dazu. Dafür braucht ihr keine „pädagogischen Einheiten“ oder gezielte

Angebote, sondern das passiert ganz automatisch. Du kannst dein Kind also in den Alltag einbeziehen und ihr habt beide etwas davon – dein Kind, das sich selbst erfahren kann und mit seinen Aufgaben wächst, und du, weil du Alltagsarbeiten gemeinsam mit deinem Kind meisterst.

Was für uns „Arbeit“ ist, kann für dein Kind ein spannendes Spiel sein. Dabei steht die *Selbstwirksamkeit* im Vordergrund, also das Gefühl, etwas selbst geschaffen oder geschafft zu haben. Und das passiert einfach so, nebenbei.

Wenn du dein Kind auf diese, eigentlich ziemlich einfache Art und Weise von Anfang an einbeziehst, vermittelst du ihm, dass ihr ein Team seid und dein Kind ein wichtiger Teil der Familie ist.

Das findest du in diesem Buch

Ich möchte dich mit diesem Ratgeber dazu ermutigen, deinem Kind mehr zuzutrauen, und dir Ideen an die Hand geben, wie ihr entspannt und ohne Druck durch viele Situationen des Alltags kommt. Neben ein paar theoretischen Inputs gibt es deshalb viele praktische Tipps und Anregungen.

Im Fokus steht dabei immer dein Kind. Kinder *wollen* sich selbst erfahren und Dinge allein schaffen. Sich selbst zu erfahren, gehört zu einer gesunden Entwicklung dazu. Sie brauchen uns als Begleiter*innen, aber auch als Wegbereiter*innen, um überhaupt die Möglichkeit dafür zu erhalten.

Da die Kapitel nicht zwangsläufig aufeinander aufbauen, kannst du je nach persönlicher Situation innerhalb des Buches zu dem Thema springen, das gerade für dich aktuell und hilfreich ist.

- Ich biete dir eine Orientierung, was dein Kind in welchem Alter schon alles kann, und gebe Impulse, wie du dein Kind in diesen **Entwicklungsschritten** weiter spielerisch fördern kannst. → „So entwickelt sich dein Kind“ ab Seite 24.
- Besonderen Fokus lege ich dabei auch auf die **Selbstständigkeit** und vor allem die **Selbstwirksamkei**t deines Kindes → „So unterstützt du die Selbstwirksamkeit deines Kindes“ ab Seite 42. Und ich ermutige dich, immer wieder seinen Blick einzunehmen → „So sieht dein Kind die Welt“ ab Seite 51.
- Dem Buch zugrunde liegt das von Maria Montessori geprägte Prinzip **„Hilf mir, es selbst zu tun!“** Wie du die richtige Umgebung dafür schaffen kannst, lernst du im Kapitel → „So hilfst du deinem Kind, es selbst zu tun“ ab Seite 58.
- Bevor es ins Detail geht, gebe ich dir in den Kapiteln → „So fühlt ihr euch im Alltag sicher“ ab Seite 73 und → „So seid ihr im Alltag ein gutes Team“ ab Seite 94 allgemeine Tipps mit auf den Weg, wie du dein Kind in seiner **Eigenständigkeit** unterstützen kannst.
- Im Herzstück des Buches → „So gestaltet ihr euren Tag“ ab Seite 118 gehe ich mit dir dann einmal durch einen typischen Tag mit Kind. **Du wirst von mir viele praktische Impulse und Anregungen erhalten, wie du dein Kind im Laufe des Tages an Alltagssituationen teilhaben lassen kannst.** Ich zeige dir auch hier, was dein Kind dabei schon kann und wie du es unterstützen kannst, immer eigenständiger zu werden.
- Ergänzt werden diese Tipps durch **Spielideen**, mit denen ihr Alltagskompetenzen üben könnt → „So meistert ihr den Alltag spielerisch“ ab Seite 179 und für **Übergänge in eurem Alltag**, also Wechsel von einer Situation in eine andere, im Kapitel → „So gelingen euch Übergänge“ ab Seite 189. Dazu gehört auch der **Start in der Kita oder bei Tageseltern**.
- Und zum Abschluss schauen wir **auf Situationen, die euren Alltag durcheinanderwirbeln** können, wie Urlaube, Feste oder auch Krankheitstage, im Kapitel → „So geht ihr mit außergewöhnlichen Situationen um“ ab Seite 204.

Bevor es mit alldem losgeht, erkläre ich dir, worauf meine Haltung und meine Arbeit fußen: auf der bindungs- und bedürfnisorientierten Begleitung von Kindern. Mir ist wichtig, Kinder in ihren Bedürfnissen zu sehen und sie als eigenständige Persönlichkeiten wahrzunehmen. Das bedeutet nicht, dass ihre Bedürfnisse über denen anderer Familienmitglieder stehen – jedes Bedürfnis innerhalb eines Systems (Familie, Kita) ist wichtig. Es bedeutet aber, Kinder ernst zu nehmen und ihren Bedürfnissen auf Augenhöhe zu begegnen. Um Kinder liebevoll und achtsam zu begleiten, ist es entscheidend, in Beziehung mit ihnen zu gehen und zu verstehen, was sie gerade bewegt und beschäftigt. Bin ich mit meinem Kind gut in Beziehung, kann ich auf alte Erziehungsmethoden wie Strafen, Drohungen und sonstige Mittel, die sehr machtgeprägt sind, verzichten. So begleiten wir Kinder zu starken Erwachsenen, die ihre Bedürfnisse, ihre Grenzen und ihren Selbstwert kennen und somit auch widerstandsfähig für alle Herausforderungen des Lebens werden.

Im folgenden Kapitel → „So prägt euer Alltag dein Kind" wirst du näher erfahren, wie auch du diese Grundhaltung in euren Alltag tragen kannst.

Ich wünsche dir viel Spaß mit diesem Ratgeber, der dich und dein Kind liebevoll und voller Inspirationen durch den Alltag begleiten wird.

Alles Liebe

SO PRÄGT EUER ALLTAG DEIN KIND

„Dein Alltag ist die Kindheit deines Kindes." Diesen Satz hast du vermutlich schon öfter gelesen oder gehört. Unser aller Alltag ist häufig wenig abwechslungsreich und unser Einfluss auf ihn beschränkt. Wie wichtig im Alltag eine Begleitung deines Kindes auf Augenhöhe ist und wie du das bedürfnisorientiert gestalten kannst, liest du in diesem Kapitel.

Ich möchte zum Satz „Dein Alltag ist die Kindheit deines Kindes" zurückkehren. Diese Worte können auf den ersten Blick viel Druck erzeugen: Nicht immer kannst du den Alltag besonders kinderfreundlich gestalten, manche Tage werden vom Alltagstrott regelrecht aufgefressen und nicht alle Tage verlaufen gleich gut. Du wirst deinem Kind nicht jeden Tag gleichermaßen gerecht werden können und es wird Tage geben, an denen du nicht der Elternteil bist, der du gerne wärst.

Du bist ein Mensch, hast eigene Befindlichkeiten, erlebst Stresssituationen und wirst es vermutlich nicht schaffen, dein Kind jeden Tag gleich stark bindungsorientiert zu begleiten. Und das ist okay! Dieser Satz bedeutet nämlich nicht, dass du jeden Tag für dein Kind Kindergeburtstag feiern musst. Er bedeutet nicht, dass jeder Tag eine besondere Attraktion für dein Kind bereithalten muss. Er bedeutet nicht, dass dein Kind jeden Tag etwas Besonderes erleben muss.

Alltag bedeutet vielmehr, deinem Kind Authentizität vorzuleben. Nicht alle Tage sind gleich, auch das ist Alltag. Alltag ist also die Summe aller Tage mit allen Facetten. Und genau das ist wichtig: deinem Kind eine realistische Lebenssituation vorzuleben. Dein Kind braucht keinen perfekt inszenierten Alltag. Es braucht einen realistischen, echten Alltag. Es braucht dich als authentischen Elternteil. Da dürfen auch mal eigene Wut oder sonstige starke Emotionen dabei sein. Wichtig ist, dass du reflektierst und dich auch bei deinem Kind entschuldigen kannst. Wenn die „doofe Mama" tatsächlich doof war, darfst du das auch deinem Kind gegenüber gerne zugeben.

Ich spreche hier nicht von einem Verhalten, welches das Wohl deines Kindes gefährdet und gewaltvoll ist. Das darf niemals passieren und wenn es dir doch passiert, hol dir bitte Hilfe. Die Adresse findest du unter diesem QR-Code.

https://www.nummergegenkummer.de/elternberatung/elterntelefon/

Ich spreche von den Momenten im Alltag, in denen du nur eines bist: Mensch. Und das darf dein Kind gerne wissen. Dann ist nicht mehr viel Platz für großartige Aktionen. Ihr habt aber vielleicht noch Zeit, am Ende eines stressigen Tages den Bindungstank beim abendlichen Kuscheln wieder aufzufüllen. Und das reicht völlig.

Dein Alltag ist also die Kindheit deines Kindes – ja. Aber so, wie er eben ist. Dein Kind lernt im Alltäglichen unglaublich viel. Und oft passiert das im Spiel oder der natürliche Forscherdrang deines Kindes wird aktiviert. Wir Erwachsene sehen oft die kleinen Faszinationen des Alltags nicht mehr. Was für uns keine Bedeutung (mehr) hat, kann für dein Kind etwas Neues, Unbekanntes und Faszinierendes sein. Viele Alltagssituationen oder Alltagsbeschäftigungen sind ein Lernfeld für dein Kind. Was für uns also manchmal auch eine lästige

Pflicht bedeutet, kann für dein Kind das Highlight des Tages sein – wie der Wocheneinkauf oder das Fensterputzen. Allein die Tatsache, dass es etwas selbst gemacht oder Neues gelernt hat, ist unglaublich wertvoll für dein Kind.

Es braucht allerdings den Raum dafür, sich in eurem Alltag entsprechend seines Alters und seiner Fähigkeiten entwickeln zu dürfen. Und es ist dafür auf deinen Respekt, deine Zugewandtheit und deine bedingungslose Liebe angewiesen.

Bedürfnisorientierte, liebevolle Führung

Dein Kind möchte sehr viel selbst machen und entwickelt sich so immer mehr zu einem autonomen Wesen. Das ist großartig. Trotzdem braucht es dich und deine Begleitung und ganz wichtig: deine Führung.

Das bedeutet bedürfnisorientiert

Du hast dich für einen bindungs- und bedürfnisorientierten Weg in der Begleitung deines Kindes entschieden. Du möchtest es in erster Linie nicht erziehen im Sinne von „an deinem Kind ziehen“, sondern es auf seinem Weg begleiten. Dieser Weg bedeutet, dass du dich von vielen alten Erziehungs-Mythen verabschiedest und ohne Macht, Drohungen und alte autoritäre Erziehungsmethoden mit deinem Kind auf Augenhöhe agierst. Das heißt du siehst und wahrst die Bedürfnisse deines Kindes. Du möchtest mit deinem Kind in Beziehung gehen, es verstehen und ernst nehmen. Die Bedürfnisse deines Kindes sind genauso wichtig wie alle anderen Bedürfnisse innerhalb deiner Familie. Dein Kind hat eine Stimme und wird gehört. Es wird nicht aufgrund seines Alters und seiner Entwicklungsstufe diskriminiert oder abgewertet.

Dir ist eine sichere Bindung zu deinem Kind sehr wichtig. Dazu gehören bedingungslose Liebe (auch Zuneigung, die nicht an Bedingungen wie „lieb sein" gebunden ist) und das Vermitteln von Sicherheit und Geborgenheit.

ALLE BEDÜRFNISSE ZÄHLEN

Euer Alltag ist auch *dein* Alltag. In der bindungs- und bedürfnisorientierten Begleitung sind alle Bedürfnisse wichtig – die deines Kindes, die deiner Partnerperson, deine. Du kannst nur gut für andere sorgen, wenn es dir gut geht. Du musst also nicht immer sofort alle Bedürfnisse deines Kindes erfüllen. Darum geht es nämlich nicht. Wichtig ist, diese wahrzunehmen.

Handelt es sich nicht um lebensnotwendige Bedürfnisse (zum Beispiel das Füttern eines Säuglings), so kann dein Kind auch warten. Oder muss lernen, dass nicht immer alle Bedürfnisse sofort erfüllt werden können, sie aber sehr wohl gehört und gesehen werden.

Auf deine Selbstfürsorge im Alltag gehe ich im Abschnitt → „Für dich selbst sorgen" ab Seite 86 noch näher ein.

Bedürfnis oder Wunsch?

Wichtig dabei ist auch der Unterschied zwischen Wunsch und Bedürfnis. Ein Bedürfnis sollte erfüllt werden. Ein Wunsch muss das nicht immer.

Dein Kind möchte beispielsweise ein rosafarbenes Bobbycar. Dahinter steckt das Bedürfnis, sich fortbewegen zu wollen. Das rosafarbene Bobbycar ist ein Wunsch. Natürlich kannst du diesen erfüllen, wenn es in deiner Möglichkeit liegt. Das Bedürfnis aber befriedigst du auch mit einem gebrauchten blauen Bobbycar. Oder: Dein Kind möchte etwas essen. Es möchte eine Pizza mit Schinken. Das Bedürfnis ist hier ganz klar der Hunger. Der Wunsch ist die Pizza. Ersteres musst du erfüllen, das andere ist eine Option.

Im Alltag wird es viele solcher Situationen geben und nicht immer ist sofort klar ersichtlich, um was es sich nun handelt. Wünsche sind häufig teurer oder hängen an einem bestimmten Gegenstand oder einer bestimmten Situation; hinter einem Bedürfnis liegt meistens eine Emotion oder ein Befinden.

Möchte dein Kind dir zum Beispiel gerne beim Putzen helfen und füllt den Putzeimer bis über den Rand mit Wasser, dann steckt dahinter das Bedürfnis nach Autonomie und Selbstwirksamkeit. Mit Wasser zu spielen ist jedoch ein Wunsch. Wenn du also nicht möchtest, dass dein Kind alles unter Wasser setzt, dann erkläre es ihm genau so. Es kann dir gerne beim Staubwischen helfen, wenn das in diesem Moment hilfreicher ist. (Wenn es für dich okay ist, spricht natürlich auch nichts gegen die Wasserschlacht in der Küche!)

Alle Bedürfnisse sind wichtig

Es ist wichtig für dein Kind, zu lernen, dass deine Bedürfnisse genauso wichtig sind wie seine. Und umgekehrt. Signalisiere deinem Kind, dass du sein Bedürfnis wahrgenommen hast. Das ist wichtig – es wird gesehen. Oft geht es nicht zwangsläufig um die prompte Erfüllung. Diese ist im Alltag auch nicht immer möglich.

Das kannst du deinem Kind zum Beispiel mit folgenden Sätzen zeigen:

- *„Ich habe verstanden, dass du Hunger hast. Das Essen ist gleich fertig, du musst noch kurz warten."*
- *„Du möchtest jetzt mit mir spielen, ich muss aber noch arbeiten. Wenn ich fertig bin, spiele ich mit dir. Such doch schon mal ein Spiel heraus."*
- *„Wir müssen jetzt einkaufen gehen, der Laden schließt bald. Wenn wir wieder zu Hause sind, machen wir etwas gemeinsam. Jetzt aber müssen wir los."*

Wie schön, dass du dich für diesen Weg entschieden hast!

Das bedeutet liebevolle Führung

Du als wichtige Bezugsperson gibst deinem Kind die Richtung vor, du bist der Kompass für dein Kind – sowohl moralisch als auch richtungsweisend. Du trägst die Verantwortung für dein Kind, nicht dein Kind für sich selbst. Es ist noch nicht in der Lage, Konsequenzen abzusehen und weitreichende Entscheidungen zu fällen. Das obliegt dir in deiner Rolle als begleitende Person.

Du führst also dein Kind. Liebevoll, das heißt ohne Machtstrukturen. Ohne Drohungen und ohne Ängste vor Sanktionen aufzubauen. Aber du führst. Du gibst klare Anweisungen und dein Kind kann sich an dir orientieren. Du bist der Fels für dein Kind. Es vertraut dir und deiner Entscheidung.

Diese Klarheit und die damit verbundene Sicherheit sind wichtig für dein Kind, um sich im Alltag ausprobieren zu können. Sie sind wichtig, um gemeinsam den Alltag bestreiten zu können.

Das heißt natürlich nicht, dass immer alles konfliktfrei und ohne Widerstände abläuft. Gerade in der Autonomiephase (siehe auch das Kapitel → „Die Autonomiephase" ab Seite 52) möchte dein Kind vieles selbstständig machen und lehnt nach außen hin jede Art der Führung ab. Gerade dann ist es umso wichtiger, dass du als begleitende Person ein sicherer Anker für dein Kind bist.

Liebevoll führen heißt auch, dass du echte Wahlfreiheiten nur dann gibst, wenn dein Kind auch eine echte Wahl hat. Ansonsten ist es wichtig, dass du klar und direkt kommunizierst, was du möchtest oder die Situation erfordert. Bei freundlichen Bitten, die als Frage formuliert sind, musst du damit rechnen, dass dein Kind dir auch antwortet, und zwar so, wie du es gerade nicht wolltest. Die Frage *„Magst du dir bitte die Schuhe anziehen?"*, kann zur Folge haben, dass dein Kind einfach *„Nein!"* sagt. Kannst du das gut akzeptieren und ist es eine

Option, dann passt das. Möchtest du aber, dass dein Kind jetzt die Schuhe anzieht, sich für die Kita fertig macht und ihr losgehen könnt, dann formuliere es auch so. *„Du ziehst jetzt die Schuhe an"*, ist ein klar formuliertes Anliegen.

In vielen Situationen kannst du dein Kind bitten und ihm eine echte Wahlfreiheit lassen. Hat sie dein Kind aber faktisch nicht, so erscheint dir eine als Bitte formulierte Forderung zwar höflicher, aber sie ist auch unehrlicher, denn du möchtest ja etwas Konkretes von deinem Kind und es hat keine Wahl. Dann sag das auch so.

Dein Kind lernt von dir eine Klarheit und kann sich daran orientieren. Außerdem lernt es: Bei einer echten Frage habe ich die echte Möglichkeit, ja oder nein zu sagen. Meine Eltern nehmen mich also ernst, denn es ist meine Entscheidung und beide Varianten werden respektiert und akzeptiert.

Zugewandtes Zumuten

Ein weiterer Grundpfeiler eures gemeinsamen Alltags und deines Erziehungshandelns sollte zugewandtes Zumuten sein, Geprägt wurde dieser Begriff von der Pädagogin und Autorin Inke Hummel.

Zugewandtes Zumuten bedeutet:

- Du vertraust auf die Fähigkeiten deines Kindes und förderst diese, ohne dein Kind zu überfordern.
- Du bestärkst es darin, neue Dinge auszuprobieren und sich nicht entmutigen zu lassen, wenn etwas nicht klappt.
- Du kommunizierst wertschätzend mit deinem Kind und demotivierst es nicht. Das heißt, du vermeidest Sätze wie *„Dazu bist du eh noch viel zu klein"* oder *„Hab' ich dir doch gleich gesagt, dass du das nicht schaffst."*

- Gleichzeitig achtest du darauf, dass dein Kind nicht überfordert wird, indem es Dinge tun soll, die es körperlich oder kognitiv noch gar nicht können kann.
- Du motivierst und animierst, aber respektierst auch die Grenze und ein Nein deines Kindes. Anstupsen ja, aber niemals vorführen, schon gar nicht vor anderen.

Singt dein Kind zum Beispiel sehr gerne, dann kannst du es darin bestärken. Möchte dein Kind aber nicht vor der Verwandtschaft singen, dann akzeptiere das. Dein Kind sollte nie etwas tun müssen, was Angst oder Scham in ihm auslöst, auch wenn du der Meinung bist, es müsste über seinen Schatten springen. Das Singen aus dem Beispiel wäre deiner Meinung nach zwar gut fürs Selbstvertrauen, würde aber nur zu einer inneren Not deines Kindes führen. Statt Motivation würdest du Demotivation erreichen und im schlimmsten Fall wäre Singen ab diesem Zeitpunkt mit einem schlechten Gefühl verbunden.

Sätze für zugewandtes Zumuten können beispielsweise sein:
- *„Du schaffst das!“*
- *„Ich glaube an dich!“*
- *„Versuch es gleich noch mal!“*

Achte darauf, Sätze positiv zu formulieren. Teile deinem Kind nicht mit, was gleich passieren kann (*„Du fällst gleich runter!“*), sondern, wie es etwas erreichen kann: *„Der Kletterturm ist sehr hoch. Halte dich bitte gut fest und schau auf die Leiter.“*

Je mehr du deinem Kind zutraust, umso mehr traut es sich selbst zu. Je weniger du deinem Kind zutraust, umso weniger traut es sich selbst zu.

Gemeinsame Aufgaben

Zum Alltagsleben einer Familie gehören auch gemeinsame Aufgaben. Je mehr Kinder, desto mehr Aufgaben wird es geben. Aber auch bei einem Kind sind die Aufgaben zahlreich und dürfen aufgeteilt werden. Dein Kind lernt dabei, dass eure Familie ein Team und jeder für ein gutes Zusammenleben verantwortlich ist. Dazu gehören auch Haushaltstätigkeiten und Alltagsaufgaben. Je früher du dein Kind einbeziehst, desto früher wird es auch diese Aufgaben selbstwirksam und selbstständig übernehmen können.

Echte Verantwortung, zum Beispiel für ein Haustier, kannst du deinem Kind allerdings erst ab etwa 8 Jahren übertragen, und auch da noch mit Begleitung. Dein Kind kann aber bereits situativ Verantwortung übernehmen, zum Beispiel seinen Teller nach dem Essen in die Küche tragen. So kannst du dein Kind langsam an Verantwortung gewöhnen. Es muss dir aber bewusst sein, dass dies alles noch ohne echtes Verantwortungsgefühl stattfinden wird.

Im Kleinkindalter und meist auch noch im Kindergartenalter ist das alles noch ein Spiel. Kinder wollen helfen, sie wollen mitgestalten, sie finden das super spannend. Im Vorschulalter haben Kinder dann manchmal schon keine Lust mehr, Haushaltsaufgaben zu übernehmen, und sehen sie als lästige Pflicht an. Das ist auch völlig legitim, denn du selbst wirst auch nicht immer Lust auf solche Aufgaben haben. Erledigt werden müssen sie aber trotzdem, und deshalb ist es auch wichtig, gemeinsam eine Lösung zu finden.

Hilfreich ist hier ein gemeinsamer Aufgabenplan, der für alle Familienmitglieder gut ersichtlich ist. Jeder und jede hat seine oder ihre (festen) Aufgaben, für die er oder sie verantwortlich ist. Altersentsprechend natürlich! Die Verantwortung für deinen Haushalt kannst du keinem Kleinkind übertragen. Bestimmte Aufgabenbereiche aber durchaus deinem Vorschulkind usw.

ACHTUNG: ÜBERFORDERE DEIN KIND NICHT

Altersgerecht bedeutet auch, die Aufgaben kleinzuhalten. Dein Kind kann verantwortlich dafür sein, seine Jacke an den Garderobenhaken zu hängen, jedoch nicht für die Entscheidung, ob die Jacke warm genug für die Temperaturen draußen ist. Du kennst dein Kind am besten und weißt, was du ihm zutrauen kannst. Überfordere es dabei nicht und teile ihm keine Aufgaben zu, die es noch gar nicht übernehmen kann. Gerade in der Autonomiephase möchte dein Kind vermutlich vieles selbst machen, und manchmal auch mehr, als es schon kann. Hier braucht es deine Begleitung zur Unterstützung der Frustrationstoleranz, wenn die Bewältigung der Aufgabe einfach noch nicht so gut klappen möchte.

Dies alles ist ein Prozess, an dem dein Kind wächst. Am Anfang ist es nur fasziniert dabei, übernimmt kleine Aufgaben und hilft dir. Irgendwann darf es eigenständig Aufgaben übernehmen und ist dann auch verantwortlich dafür. Das alles gehört zum Prozess des Großwerdens dazu.

Findet innerhalb der Familie einen guten Weg, wie ihr mit dieser Aufgabenverteilung umgeht. Stell dir die Frage, wie ihr als Familie reagiert, wenn dein Kind keine Lust auf diese Aufgaben hat. Was macht ihr, wenn das Kind nein sagt – wann darf es das und was passiert dann?

MÜSSEN KINDER IM HAUSHALT HELFEN?

Noch bis vor einigen Jahrzehnten wurden Kinder nicht gefragt – sie mussten helfen. Früher ging es innerhalb einer Großfamilie auch nicht anders, da wurden schon die ganz Kleinen mit eingespannt. Später war das nicht mehr zwingend nötig, um die Familie aufrechtzuerhalten, trotzdem hat niemand die Kinder gefragt, sondern es gab Befehle.

Im Bürgerlichen Gesetzbuch §1619 steht dazu Folgendes: „Das Kind ist, solange es dem elterlichen Hausstand angehört und von den Eltern erzogen oder unterhalten wird, verpflichtet, in einer seinen Kräften und seiner Lebensstellung entsprechenden Weise den Eltern in ihrem Hauswesen und Geschäft Dienste zu leisten."

Vermutlich würde sich heute niemand auf ein Gesetz berufen, wenn es darum geht, Kinder im Haushalt einzubeziehen. Aber es gibt diese rechtliche Grundlage.

Die Kommunikation und die Haltung gegenüber Kindern haben sich verändert und Kinder werden nicht als Befehlsempfänger gesehen, sondern als gleichwertige Mitglieder der Familie. Es geht also darum, gemeinsam zu schauen, wie die Aufgaben bewältigt werden können und wer welchen Teil davon übernimmt. **Das ist von drei Faktoren abhängig:**

- **Vom Alter.** Es gibt Aufgaben, die von Kindern generell nicht erledigt werden können, wie zum Beispiel der Großeinkauf mit dem Auto. Es gibt aber auch Aufgaben, die von Kleinkindern nicht erledigt werden können, von Grundschulkindern allerdings schon.
- **Von der Interessenlage.** Wer macht was gerne und wie können die Aufgaben fair für alle aufgeteilt werden? Nicht jeder muss alles machen. Das gilt auch für die Eltern.
- **Von der aktuellen, individuellen Situation.** Wenn beispielsweise jemand krank ist oder gar nicht zu Hause (Dienstreise), müssen die Aufgaben anders verteilt werden.

Wenn Kinder also als Teil des Teams gesehen werden und sie altersgerecht, ohne sie zu überfordern, von Anfang an in Alltagsaufgaben integriert werden, kann Haushalt auch innerhalb der Familie auf Augenhöhe stattfinden.

Augenhöhe bedeutet, deinem Kind auch zu erklären, warum du Hilfe möchtest:

- *„Lass uns das gemeinsam aufräumen, dann geht es schneller und wir können vor dem Essen noch ein Buch lesen."*
- *„Wenn du auch einen Teil der Arbeit übernimmst, geht es schneller und wir haben noch Zeit, gemeinsam zu spielen."*
- *„Wenn jeder die Dinge aufräumt, die er benutzt hat, bleibt es ordentlich und übersichtlich und wir haben Platz für neue Ideen."*
- *„Ordnung und Sauberkeit sind mir wichtig."*

Um das gut umsetzen zu können, musst du wissen, was dein Kind von der Entwicklung her schon alles kann. Das werde ich dir im folgenden Kapitel erzählen.

SO ENTWICKELT SICH DEIN KIND

Um einordnen zu können, was dein Kind im Alltag bereits alles können kann, ist es wichtig, über seine einzelnen Entwicklungsschritte Bescheid zu wissen. Dein Kind durchläuft im Alter zwischen 1 und 6 Jahren unglaublich viele Entwicklungsschritte auf sehr vielen Ebenen. Dabei hat jedes Kind sein eigenes Tempo und meistert diese zu ganz individuellen Zeitpunkten. Im folgenden Kapitel möchte ich dir eine Orientierung geben, was dein Kind bereits können kann, nicht können muss.

Im Alltag wirst du manchmal staunen, was dein Kind schon alles kann. Gleichzeitig wird es Situationen geben, in denen du ihm zu viel zutraust und es unfreiwillig überforderst. Das kann niemand verhindern. Ihr könnt anschließend darüber sprechen und vielleicht einen Schritt zurück gehen und es noch mal versuchen.

Wichtig ist es aber, zu wissen, was dein Kind können *kann* und wann welche Entwicklungsschritte passieren können.

Wenn dein Kind in einem der genannten Bereiche noch nicht so weit ist, heißt das erst mal gar nichts. Jedes Kind hat seine eigene Choreografie und entwickelt sich in seinem eigenen Tempo. Die ungarische Pädagogin Emmi Pikler spricht davon, dass sich ein Kind erst dann in einem neuen Bereich weiterentwickelt, wenn ein alter Bereich abgeschlossen ist. Sprich: Vielleicht ist dein Kind motorisch noch nicht so weit wie andere Kinder in seinem Alter. Sprachlich hingegen ist es deutlich und erkennbar weiter als andere Kinder. Es hat sich also zuerst auf die Sprache konzentriert, da waren kein Platz und keine Kapazität für einen anderen Entwicklungsbereich. Manche Kinder entwickeln sich parallel, das heißt in jedem Bereich ein bisschen, manche legen den Fokus auf einen Bereich. Das passiert unbewusst und ist kaum steuerbar.

Die Spannbreite, innerhalb derer sich ein Kind entwickelt, ist sehr groß. Wenn du regelmäßig zu den Vorsorgeuntersuchungen in eurer Kinderarztpraxis gehst, wird die Entwicklung deines Kindes dort beobachtet und dokumentiert. Eine eventuelle Entwicklungsverzögerung würde auch dort erkannt werden. Geht dein Kind in eine außerhäusliche Betreuung (Kita, Tagesmutter etc.), so finden auch hier Beobachtungen statt. Aber wie gesagt: Der Rahmen, in dem sich der Entwicklungsverlauf bewegt, ist groß und lässt viel Spielraum für das individuelle Tempo deines Kindes.

In diesem Kapitel möchte ich dir einen Überblick über die Entwicklungsschritte deines Kindes geben. Du selbst wirst am besten wissen, ob du es dort schon siehst oder noch nicht und wie du das für dich im Alltag berücksichtigst.

Im Alter von 1 bis 3 Jahren

Dein Kind ist nun kein Baby mehr, sondern ein Kleinkind, und die Entwicklung geht ziemlich rasant voran. Im Folgenden gebe ich dir ein paar Eckpunkte, wie sich dein Kind entwickeln wird und was es bis zum 3. Geburtstag vermutlich alles kann.

Das kann dein Kind motorisch

Im Alter zwischen 1 und 3 Jahren erlebt dein Kind eine entscheidende Phase seiner Entwicklung, in der es wichtige motorische Fähigkeiten erwirbt und verfeinert.

Laufen

Ein wichtiger Meilenstein ist das Laufen. Zwischen 12 und 18 Monaten beginnen die meisten Kinder, ihre ersten Schritte zu machen. Diese werden immer sicherer und stabiler. Mit dem Laufen stärkt dein Kind auch seine Beinmuskulatur, sein Gleichgewicht und seine Koordination.

Balancieren und Springen

Mit etwa 2 Jahren kann dein Kind springen, balancieren und hüpfen. Ab 3 Jahren kann es auf einem Bein stehen.

Greifen und Manipulation von Gegenständen

Greifen kann dein Kind bereits seit den ersten Lebensmonaten. Im 2. und 3. Lebensjahr wird es aber immer sicherer. Zwischen 2 und 3 Jahren werden die Objekte größer, mit denen es umgehen kann (ein großer Ball zum Beispiel), und es kann diese Gegenstände manipulieren, also gut bewegen (den Ball werfen). In dieser Phase spielt dein Kind auch immer sicherer mit Bauklötzen und kann Türme bauen. Dabei wird auch die Augen-Hand-Koordination gefördert, die für viele Tätigkeiten sehr wichtig ist.

Malen und Zeichnen

Mit 2 Jahren schafft es dein Kind in der Regel, einen dicken Stift oder Wachsmalstifte zu halten und Striche zu malen. Ab 3 Jahren bekommen die Bilder mehr Struktur und Details.

Das kann dein Kind sprachlich

Im Kleinkindalter entdeckt dein Kind auch seine sprachlichen Möglichkeiten. Rund um den 2. Geburtstag gibt es bei vielen Kindern die sogenannte *Sprachexplosion*. Bis zum 2. Geburtstag sprechen die meisten Kinder bis zu 50 Wörter. Spricht dein Kind weniger oder deutlich später, wird es als *Late Talker* bezeichnet. Bitte mach dir aber auch hier noch keine Sorgen, manche Kinder beginnen erst spät damit, zu sprechen, und holen das sehr schnell auf.

SPRACHVERZÖGERUNGEN

Dennoch solltest du aber aufmerksam sein. Wenn du vermutest, dass dein Kind nicht altersgerecht spricht, kannst du zum Beispiel abklären lassen, ob es eventuell Probleme mit dem Hören hat – auch das verzögert die eigene Sprachfähigkeit. Ansprechpartnerin hierfür ist im ersten Schritt eure Kinderarztpraxis. Beobachte dein Kind weiter und hole dir Unterstützung durch eine sprachtherapeutische Fachkraft, wenn dein Kind über einen längeren Zeitraum wichtige Meilensteine der Sprachentwicklung noch nicht erreicht hat.

Babbeln und Laute

Im Alter von etwa 1 Jahr beginnt dein Kind, mit den Klängen und Lauten der Sprache zu experimentieren. Es produziert einfache Silben und Laute. Diese Lautäußerungen werden oft wiederholt und beinhalten häufig erste Aneinanderreihungen wie *baba* oder *dada*. Dein Kind beginnt auch, auf Fragen mit Kopfnicken oder Kopfschütteln zu reagieren und verwendet Gesten, um seine Bedürfnisse auszudrücken.

Wortschatz und erste Wörter

Zwischen 1,5 und 2 Jahren entwickelt dein Kind eine wachsende Anzahl von Wörtern in seinem passiven und aktiven Wortschatz. Es fängt an, einfache Wörter wie *Mama*, *Papa*, *Ball* oder *Essen* zu verwenden, um Menschen und Objekte zu benennen. In dieser Phase lernt dein Kind auch Verben wie *laufen* oder *spielen* und verwendet sie in einfachen Sätzen. Obwohl seine Aussprache möglicherweise noch nicht perfekt ist, beginnst du, die Worte deines Kindes zu verstehen und fängst langsam an, mit ihm sprachlich zu kommunizieren.

Zwei-Wort-Sätze und zunehmende Sprachkomplexität

Zwischen 2 und 3 Jahren baut dein Kind seine sprachlichen Fähigkeiten weiter aus. Es bildet zuerst Zwei- bis Drei-Wort-Sätze, um seine Bedürfnisse oder Wünsche auszudrücken, wie *„Ich will Ball"* oder *„Mama Auto"*. Die Grammatik mag in dieser Phase noch rudimentär sein, aber die Kommunikation wird zunehmend klarer und verständlicher. Es folgen die ersten grammatikalisch richtigen Sätze und eure Kommunikation wird immer ausgeprägter.

Die Warum-Phase

Im Alter zwischen 2 und 3 Jahren durchlaufen Kinder meist die Warum-Phase mit den entsprechenden Warum-Fragen. Diese Phase ist wichtig, denn dein Kind erfragt sich so seine kleine Welt und versucht, Zusammenhänge zu verstehen. Vermutlich wirst du nicht immer auf alle Fragen eine Antwort haben. Oft reichen schon sehr einfache Antworten, du musst noch keine komplexen naturwissenschaftliche Zusammenhänge erläutern.

„Wo geht die Sonne hin am Abend, Mama?", kannst du mit *„Sie ist müde und geht schlafen"* beantworten. Oft reicht das deinem Kind am Anfang auch aus. Später braucht es sicherlich eine genauere Erklärung, die ihr euch gemeinsam erarbeiten könnt, zum Beispiel indem du dein Kind fragst, welche Ideen es selbst dazu hat, oder indem ihr

zusammen in einem Buch oder im Internet nachschaut. Ihr könnt auch überlegen, wen ihr fragen könntet oder wie ihr es sonst noch herausbekommen könntet. Damit förderst du automatisch auch die Fähigkeit, Probleme anzugehen und diese kreativ zu lösen.

Wenn dir keine Antwort einfällt und ihr gerade auch nicht die Möglichkeit habt, nachzuforschen, kannst du auch ehrlich sagen, dass du das nicht weißt oder gerade keine Zeit hast. Vielleicht könnt ihr später jemanden fragen oder die Antwort nachlesen. Und manchmal wird es einfach keine Antwort geben, zum Beispiel auf die Frage, wie denn die Mama der Frau mit dem roten Pulli an der Bushaltestelle heißt. Ihr könnt die Frau natürlich fragen, aber es ist auch völlig legitim zu antworten, dass man manche Dinge einfach nicht wissen kann und das auch nicht schlimm ist.

Komplexere Sätze und erweitertes Vokabular

Nach dem 3. Geburtstag macht dein Kind große Fortschritte in Bezug auf seine sprachlichen Fähigkeiten. Es beginnt, längere und komplexere Sätze zu bilden, indem es Verben, Adjektive und andere Satzglieder verwendet. Sein Wortschatz wird erheblich erweitert, und es kann nun über Ereignisse in der Vergangenheit oder Zukunft sprechen. Dein Kind entwickelt nun auch die Fähigkeit, Geschichten zu erzählen und seine Gedanken und Gefühle auszudrücken.

Das kann dein Kind kognitiv

Die kognitive Entwicklung deines Kindes im Alter zwischen 1 und 3 Jahren verläuft sehr rasant. In diesem Zeitraum erweitert es seine sensorischen Fähigkeiten, entwickelt symbolisches Denken, versteht Ursache-Wirkungs-Beziehungen und baut seine Problemlösungsfähigkeiten aus. Es beginnt, seine Welt immer mehr wahrzunehmen und diese einzuordnen.

Sensorische Erfahrungen und Grundlagen

Ist dein Kind zwischen 1 und 1,5 Jahren, macht es große Fortschritte in den Bereichen sensorische Verarbeitung und Wahrnehmung. Es erkundet die Welt mit den Händen und „be-greift". Dein Kind nimmt alles in die Hand und in den Mund, untersucht die Gegenstände und lernt, seine Sinne zu koordinieren. In diesem Alter entwickelt sich auch die sogenannte Objektpermanenz, das heißt, dein Kind lernt, dass Dinge auch weiterhin da sind, selbst wenn sie aus seinem Sichtfeld verschwinden.

Symbolisches Denken und Vorstellungskraft

Dahinter versteckt sich, dass dein Kind mit etwa 1,5 bis 2 Jahren beginnt, Objekte oder Personen mit anderen Gegenständen oder Handlungen zu verbinden. Nun legt es auch mit Rollenspielen los: Dein Kind füttert eine Puppe oder telefoniert mit einem Spielzeughandy. Langsam versteht dein Kind komplexe Zusammenhänge.

Ursache-Wirkungs-Zusammenhänge und Problemlösung

Dein Kind ist jetzt zwischen 2 und 3 Jahre alt und kann immer mehr Zusammenhänge erkennen und verstehen. Bestimmte Handlungen führen zu einem bestimmten Ergebnis. Dein Kind beginnt nun auch, Problemlösungsfähigkeiten zu entwickeln.

Zusammenhang Sprache und Kognition

Durch die sprachlichen Fortschritte wird auch die kognitive Entwicklung deines Kindes gefördert. Je sprachlich kompetenter dein Kind ist, desto besser kann es Gedanken und Ideen ausdrücken oder Fragen stellen, um sich Wissen anzueignen.

Im Alter von 3 bis 6 Jahren

Aus deinem Kleinkind ist nun ein Kindergarten- beziehungsweise Vorschulkind geworden. Die Kleinkindphase ist vorbei. Dein Kind wird bis zum Schuleintritt weitere wichtige Entwicklungsschritte gehen.

Das kann dein Kind motorisch

Feinmotorik
Die Fingerfertigkeit deines Kindes wird immer besser und gezielter. Du wirst das bei Aktivitäten wie Perlen aufziehen oder Bügelperlenbilder gestalten gut beobachten können. Die gemalten Bilder werden immer detaillierter und technisch besser, die Stifthaltung wird korrekter. Langsam beginnt dein Kind, seinen Namen zu schreiben. Mit 4 Jahren können viele Kinder mit einer Schere umgehen und einfache Formen ausschneiden. Kurz vor dem Schuleintritt gelingt es vielen Kindern, ihren Namen und auch erste Zahlen sicher zu schreiben.

Grobmotorik
Dein Kind kann mit 3 Jahren sicher eine Treppe laufen, auf einem Bein stehen oder die ersten Purzelbaumversuche starten, die auch glücken können. Einfache Ballspiele, also Werfen und Fangen, gelingen immer besser, dein Kind wird sicherer und schneller beim Rennen, Balancieren und Klettern.

Mit etwa 5 Jahren hat dein Kind ein gutes Körpergefühl und kann sowohl Schwimmen als auch Radfahren ohne Hilfsmittel erlernen.

Das kann dein Kind sprachlich

Die Sprache deines Kindes explodiert nun regelrecht. Es kommen immer neue Wörter, Sätze und Sprachfeinheiten dazu. Die Kommunikation mit deinem Kind wird immer ausgefeilter, komplexer und inhaltlich detaillierter; es lernt, mit Sprache zu spielen.

Auch grammatikalisch spricht es immer korrekter. Mit 3 Jahren sind die Sätze noch kurz und knapp und enthalten aber auch noch kleine grammatikalische Fehler wie zum Beispiel *„Ich bin zur Oma gegeht“* anstatt *„gegangen“*.

Bitte korrigiere die Sätze nicht aktiv, sondern wiederhole sie richtig: *„Oh, du bist zur Oma gegangen?“* So wird dein Kind nicht demotiviert, sondern hört aktiv, wie es richtig ist, und übernimmt dies irgendwann in seinen aktiven Sprachgebrauch.

Zwischen 4 und 6 Jahren entwickelt sich die Grammatik nahezu fehlerfrei weiter.

Es gelingt deinem Kind auch immer besser, Geschichten zu erzählen und Erlebtes in einer logischen Reihenfolge wiederzugeben. Diese erzählten Geschichten haben immer mehr Handlung und verschiedene Protagonisten. Das fördert natürlich die sprachlichen Fähigkeiten, die immer mehr ausgebaut werden.

Dein Kind begreift nun auch aktiv, dass Worte Macht haben können und dass es durch Kommunikation Situationen beeinflussen oder etwas erreichen kann. Es schafft immer besser, Gefühle und Bedürfnisse in Worte zu fassen und konkret mitzuteilen, was es möchte und braucht, beziehungsweise nach Infos zu fragen. Das macht euer Zusammenleben deutlich einfacher.

Durch Kommunikation ist dein Kind auch besser in der Lage, soziale Kontakte zu knüpfen und diese aufrechtzuerhalten – in diesem Alter werden oft auch die ersten richtigen Freundschaften geschlossen.

Das kann dein Kind kognitiv

Im Alter zwischen 3 und 6 Jahren macht dein Kind einen enormen Sprung im kognitiven Bereich. Es entwickelt sich von einem Kleinkind zum Schulkind. Die Denkfähigkeit und die Art und Weise, wie es Situationen, Herausforderungen und seine Welt wahrnimmt, werden komplexer, ausgeprägter und anspruchsvoller.

Problemlösefähigkeit

Dein Kind ist immer besser in der Lage, logische Zusammenhänge zu erfassen und somit auch einfache, aber auch zunehmend komplexere Probleme und Aufgaben zu lösen. Das Erinnerungsvermögen wird immer besser und dein Kind kann auf Erlerntes und Erfahrenes zurückgreifen. Allerdings braucht es dazu auch die Möglichkeit: Je mehr du deinem Kind zutraust und es ermutigst, selbstständig Lösungen zu finden, desto mehr wird es diese Fähigkeit ausbauen können.

Statt also immer gleich eine Antwort zu geben, animiere dein Kind gerne dazu, selbst nach Lösungen zu suchen: *„Was wäre denn deine Idee? Hast du einen Vorschlag, wen du fragen könntest oder wo du nachschauen könntest? Was denkst du denn darüber?“*

Vorstellungskraft und magische Phase

Die Fantasie und Vorstellungskraft deines Kindes werden immer größer. Diese zeigen sich oft in Rollenspielen oder im Erfinden von Geschichten.

Die sogenannte „magische Phase“ ist dabei sehr ausgeprägt. Sie tritt zwischen dem 3. und 5. Lebensjahr auf, manchmal ist sie auch noch darüber hinaus zu beobachten. Darunter versteht man, dass für dein Kind alles auch tatsächlich möglich ist und eintreten kann, was es sich vorstellt. Alles Schöne, aber auch alles Schreckliche wie zum Beispiel der Tod der Eltern, Besuch von Monstern oder ein Einbruch ins

Haus sind realistische Szenarien und präsent. Ein Mix aus tatsächlicher Realität (wir wohnen in einem Haus) und Fiktion (unterm Dach wohnen grüne Monster) ist typisch für diese Phase.

Gegenständen werden menschliche Eigenschaften zugewiesen, zum Beispiel „ist der Ball gerade müde und schläft im Korb“ oder „es regnet, weil die Wolke traurig ist“. Dies hilft dem Kind, für sich Zusammenhänge erst mal logisch zu erschließen und an seine Lebensrealität anzupassen. Gegenständen passiert also auch das, was deinem Kind passiert. In dieser Phase glaubt dein Kind auch wirklich an den Osterhasen, den Weihnachtsmann oder die Zahnfee.

Erzählt dein Kind von einem magischen Wesen oder einer Situation, die so nicht stattgefunden haben kann, dann lügt es dich nicht bewusst an. In seiner kindlichen Vorstellung ist das durchaus real. Real und altersgemäß, also kein Grund zur Sorge. Wichtig ist, dein Kind ernst zu nehmen und mit ihm darüber zu sprechen. Du musst es nicht bestätigen, aber bitte zieh es nicht ins Lächerliche. Statt: *„Monster gibt es nicht!“*, kannst du sagen: *„Oh, welche Farbe hat denn dein Monster? Hat es große oder kleine Augen? Wir können das Fenster auf dem Dachboden etwas öffnen, vielleicht klettert es dann heute Nacht auch wieder heraus.“*

Oft geht diese Phase mit Ängsten einher, denn diese Vermischung von realer Welt und Traumwelt oder die Vorstellung von Fantasiewesen kann große Angst machen. Solche Ängste sind typisch für dieses Alter. Du kannst dein Kind gut begleiten, indem ihr zusammen herausfindet, was genau Angst macht, und nach Lösungen sucht. Wie kann ein Monster auch wieder verschwinden? Hilft ein Monsterspray, ein Zauberspruch oder ein Beschützer-Kuscheltier?

Meistens geht die magische Phase mit etwa 5 Jahren auch wieder vorbei und weicht dem realistischen Denken.

Die emotionale Entwicklung von 2 bis 6 Jahren

Um den Alltag gut bewältigen zu können und die teilweise immer neuen Eindrücke gut zu verarbeiten, ist die emotionale Entwicklung deines Kindes ein wichtiger Faktor. Um das Verhalten deines Kindes besser zu verstehen, ist es für dich wichtig zu wissen, ab wann es zu bestimmten emotionalen Leistungen überhaupt in der Lage ist.

Mit etwa 2 Jahren beginnt dein Kind, eigene Gefühle wahrzunehmen, diese einzuordnen und mit Worten zu benennen. Ab jetzt ist es in der Lage, sich und seine Gefühlswelt aktiv mitzuteilen: *„Ich bin traurig"*, *„Ich bin müde"*, *„Ich bin wütend"* oder *„Ich bin glücklich."* In diesem Alter ist dein Kind sehr impulsiv und die Gefühlslage kann sich von einem Moment zum nächsten verändern. Du kannst dein Kind gut begleiten, indem du die Gefühle mit ihm gemeinsam verbalisierst und ihm hilfst, eigene Bewältigungsstrategien zu entwickeln: *„Ich sehe, dass du traurig bist. Es ist in Ordnung, traurig zu sein. Was können wir tun, damit du wieder fröhlich bist?"*

Nimm dabei die Gefühle deines Kindes immer ernst und sprich sie ihm nicht ab.

Im Alter zwischen 3 und 4 Jahren beginnt dein Kind, die Gefühle anderer Menschen wahrzunehmen und Empathie zu entwickeln. Der Grundstein dafür ist schon viel früher gelegt: Babys sind soziale Wesen – sie erkennen bereits sehr früh, wenn Mama oder eine andere Bezugsperson traurig ist. Allerdings können sie das nur bedingt wahrnehmen und noch nicht viel damit anfangen. Dein Kind mag dir dann vielleicht sogar schon ein Taschentuch gebracht oder dich gestreichelt haben (*„Mama traurig?"*), so richtig einordnen konnte dein Kind die Situation aber noch nicht.

Erst jetzt ist es in der Lage, Mitgefühl zu zeigen und aktiv zu trösten. Hier braucht es ebenfalls wieder deine Begleitung, deine Vorbildfunktion. Du kannst deinem Kind zeigen, wie es seine eigenen Gefühle, aber auch die der anderen wahrnehmen und respektieren kann: *„Dein Freund ist hingefallen und hat sich wehgetan. Was denkst du, wie fühlt er sich gerade? Wie können wir ihm helfen?“* So förderst du die emotionale Entwicklung deines Kindes.

Im Alter von 5 bis 6 Jahren lernt dein Kind allmählich, die eigenen Emotionen zu regulieren. Es lernt, ein Gefühl in manchen Situationen zwar wahrzunehmen (ganz wichtig), aber auch zu kontrollieren (einen Wutanfall in der Öffentlichkeit zum Beispiel) und angemessen auszudrücken.

ACHTUNG: ANGEMESSEN IST NICHT ANGEPASST!

Vorsicht: Hier ist die Definition von „angemessen“ wichtig.

Ein Wutanfall in der Kirche ist vielleicht tatsächlich den starken Gefühlen *angemessen*. Das Kind zeigt sich nur nicht *angepasst*. Die Erwartung an ein Kind, keine Emotionen in der Öffentlichkeit zu zeigen und sich „zu benehmen“, ist veraltet.

Das bedeutet nicht, dass dein Kind keine sozialen Regeln oder Verhaltensweisen wie Rücksichtnahme kennenlernen sollte. Es gibt Situationen, in denen wir uns auch selbst zurücknehmen sollten. Wir Erwachsene können das in der Regel, weil wir gelernt haben, uns selbst zu regulieren. Aber auch uns passiert es, dass Gefühle überhandnehmen und wir nicht wissen, wohin damit. In uns ist nur schon sehr verwurzelt, dass wir manche Gefühle besser nicht zeigen sollten. Unseren Kindern dürfen wir das anders vermitteln. Jedes Gefühl hat erst mal seine Daseinsberechtigung und ist wichtig. Sich zugunsten anderer in besonderen Situationen zurücknehmen ist sinnvoll, aber das Wahrnehmen der eigenen Gefühle auch.

Unterstütze dein Kind dabei, eigene Lösungsstrategien zu entwickeln:

- Wie kann es mit Emotionen umgehen?
- Wie kann es Konflikte friedlich lösen?
- Wie kann es seine Emotionen einordnen und benennen?

Und zwar, indem du mit deinem Kind darüber sprichst, es in seinen Emotionen ernst nimmst und ein gutes Vorbild bist.

Dein Kind braucht also den Raum und die Sicherheit, über Gefühle und Gedanken sprechen zu können, und die Gewissheit, dass alle Gefühle erst mal absolut okay sind und ernst genommen werden. Zeige Verständnis für seine Ideen und eigenen Strategien und ermutige dein Kind, selbst nach Lösungen und Bewältigungsstrategien zu suchen.

Die Entwicklung der Selbstständigkeit

In der frühen Kindheit entdeckt dein Kind seine Selbstständigkeit. Es kommt auf die Welt und ist erst mal völlig abhängig von dir. Innerhalb der nächsten Jahre entwickelt es sich aber zu einer eigenständigen Persönlichkeit mit wachsender Selbstständigkeit.

Diese Entwicklung geschieht in Phasen, die ich dir im folgenden Abschnitt vorstellen werde. Im Kapitel → „So sieht dein Kind die Welt“ ab Seite 51 gehe ich noch mal gezielt auf die Autonomiephase ein und gebe dir wertvolle Impulse, wie ihr gut durch diese hindurchkommt.

Das 1. Jahr: Die Autonomie beginnt

Im ersten Lebensjahr geht es bei deinem Baby vor allem darum, grundlegende Fähigkeiten zu erlernen. Es kann nach und nach den Kopf heben, sich auf den Bauch und Rücken drehen, sitzen, robben, krabbeln und irgendwann stehen und laufen. Diese körperliche Entwicklung ist der erste Schritt zur Selbstständigkeit. Kinder haben dabei ihre eigene Choreografie. Manche Kinder durchlaufen sehr schnell jede Entwicklungsphase, manche überspringen eine Phase (vom Robben zum Stehen zum Beispiel) oder lassen sich viel Zeit, bis sie wirklich in einer Phase so sicher sind, dass sie in die nächste gehen können. Du unterstützt dein Baby dabei, indem du es viel machen lässt und eine sichere Umgebung dafür schaffst.

Das 2.und 3. Jahr: Die Entdeckung der Autonomie

Im Alter von 1 bis 3 Jahren beginnt dein Kind, seine Umgebung aktiv zu erkunden und die bisher erlernten Fähigkeiten weiterzuentwickeln. Es lernt einfache Dinge wie einen Löffel zu halten, allein zu essen, sich anzuziehen und Bedürfnisse deutlicher zu äußern. Dein Kind möchte nun alles allein machen und strebt immer mehr nach Selbstständigkeit.

Du kannst die Selbstständigkeit deines Kindes fördern, indem du ihm Zeit und Gelegenheit gibst, Dinge selbst auszuprobieren, auch wenn es länger dauert oder nicht perfekt ist. Dies hilft deinem Kind, Selbstvertrauen aufzubauen und seine Fähigkeiten zu stärken.

ACHTUNG: KEIN PERFEKTIONISMUS

Dein Anspruch an Perfektion darf nicht die Erwartungshaltung an dein Kind sein. Es ist zum Beispiel ein großer Erfolg für dein Kind, wenn es das Oberteil zum ersten Mal selbstständig angezogen hat. Schmälere diesen Erfolg bitte nicht im gleichen Moment mit dem Hinweis, dass es falschrum angezogen ist. Rechts- und linksherum kommt später. Im Moment hat dein Kind etwas Tolles geschafft und darf sich ohne Einschränkung darüber freuen. Das motiviert dein Kind weiter und stärkt das Selbstvertrauen.

Das 4. bis 6. Jahr: Unabhängigkeit und soziale Interaktion

Zwischen dem 3. und 6. Geburtstag wird die Selbstständigkeit komplexer. Dein Kind wird sich seinen eigenen Bedürfnissen immer bewusster und weiß, was es bereits kann. Die Aufgaben, die es selbstständig bewältigen kann, werden immer größer. Gleichzeitig wächst die bewusste soziale Interaktion mit Gleichaltrigen. Die Themen Freundschaften und Konfliktlösung stehen im Fokus.

Du kannst dein Kind unterstützen, indem du es ermutigst, immer mehr komplexe Aufgaben zu übernehmen und es darin bestärkst. Signalisiere deinem Kind, dass du da bist und an es glaubst, aber fördere auch die eigene Lösungsfindung, zum Beispiel bei Konflikten mit Freund*innen. Hilf deinem Kind, realistische Ziele zu setzen und gib ihm Raum und die Möglichkeit, aus Fehlern zu lernen.

Je mehr du die Selbstständigkeit deines Kindes unterstützt und förderst, desto sicherer und selbstständiger wird dein Kind werden.

Jedes Kind ist anders

Kinder sind geborene Forscher und Entdecker, ja. Jedes Kind durchläuft auch die Autonomiephase. Aber nicht jedes Kind hat ein gleich ausgeprägtes Autonomiebestreben. So wie in allen anderen Entwicklungsfeldern deines Kindes gibt es auch hier eine sehr große Bandbreite.

Grundsätzlich kann man zwei verschiedene Typen unterscheiden:

- **Typ 1.** Dein Kind liebt es, Dinge auszuprobieren, möchte am liebsten gleich alles selbst machen und kann nur schwer damit umgehen, wenn etwas nicht in seinem Sinne klappt.
- **Typ 2.** Dein Kind ist eher zögerlich und möchte erst eine Sache richtig gut können, bevor es mit der nächsten beginnt.

Und wie immer gibt es auch Kinder, die irgendwo dazwischen liegen. Geschwisterkinder können in dieser Hinsicht total unterschiedlich sein und auch dein einzelnes Kind kann zwischen diesen beiden Typen phasenweise wechseln. Nichts davon ist besser oder schlechter, es ist nur unterschiedlich und prägt euren Alltag anders. Das solltest du wissen, denn je nachdem, welcher Typ bei deinem Kind (gerade) stärker ausgeprägt ist, wird es sich auch mehr oder weniger in den Alltagsdingen ausprobieren wollen.

Du kannst also Angebote machen und dein Kind begleiten – es entweder animieren oder durch den Frust begleiten, wenn etwas nicht auf Anhieb funktioniert. Bei einem älteren Kind kannst du gut das Gespräch suchen und schauen, was es braucht und möchte und was helfen kann.

ACHTUNG: VERZICHTE AUF VERGLEICHE

Dein Kind ist individuell und gut so, wie es ist. Lass dich nicht verunsichern, wenn andere Kinder in diesem Alter andere Dinge können oder in den gleichen Situationen anders reagieren. Meist siehst du eh nur einen Ausschnitt und kannst gar nicht beurteilen, ob dieses Kind wirklich so anders oder weiter entwickelt ist als dein Kind. Vielleicht spricht das Nachbarskind mehr Sätze, ist aber motorisch noch nicht so weit wie dein Kind. Das Kind deiner Freundin möchte alles selbst machen, dein Kind (noch) nicht. Dafür ist dein Kind konzentrierter und fokussierter auf einzelne Angebote. Egal wie – dein Kind ist einzigartig. Mit Vergleichen setzt du sowohl dich als auch indirekt oder sogar direkt dein Kind unter Druck.

Diese Individualität wirst du in allen Bereichen feststellen. Je intensiver du in Beziehung mit deinem Kind bist, desto leichter erkennst du auch die individuellen Bedürfnisse und Verhaltensweisen deines Kindes und kannst es so besser begleiten.

Jedes Kind reagiert also auch anders und braucht andere Dinge und Impulse. Das macht es spannend, das macht es anstrengend. Aber nur, wenn du die Persönlichkeit deines Kindes beachtest und respektierst, wirst du es dabei begleiten, selbstbewusst und selbstsicher erwachsen zu werden. Fühlt sich dein Kind angenommen, wächst das Selbstvertrauen. Wächst das Selbstvertrauen, traut es sich selbst mehr zu und probiert sich aus. Sein Zuhause bietet dafür einen sicheren Rahmen, in dem es bestenfalls so sein darf, wie es ist.

Das muss dir nicht immer gefallen. Solange es sich im sozialen Rahmen verhält, solltest du es aber unbedingt respektieren.

ACHTUNG: LASS DEINEM KIND SEINE EIGENEN INTERESSEN

Es kann auch sein, dass dein Kind andere Interessen entwickelt als du. Das kannst du schade finden, aber es ist das Leben deines Kindes. Versuche, das im Alltag zu bedenken. Natürlich ist es schön, wenn ihr Interessen teilt und als Familie Spaß an ähnlichen Dingen habt. Dir wird es leichter fallen, dein Kind zum Fußball zu begleiten, wenn du dich auch für diesen Sport interessierst. Du darfst es schade finden, wenn dein Kind überhaupt kein Interesse am Kochen zeigt, obwohl du leidenschaftlich gerne kochst. Aber du solltest dein Kind in seinen Interessen nicht ausbremsen oder umlenken, nur weil dir etwas anderes gefällt.

Interessen können sich natürlich ändern, dein Kind ist noch sehr klein. Hobbys entwickeln sich erst und noch ist vieles für dein Kind ein faszinierendes Spiel. Je weniger Druck du also ausübst, desto freier wird sich dein Kind entwickeln können. Und desto selbstwirksamer. Dem Thema Selbstwirksamkeit habe ich das ganze folgende Kapitel gewidmet, weil es elementar ist, wenn es um die Einbeziehung deines Kindes bei Alltagsaufgaben geht.

SO UNTERSTÜTZT DU DIE SELBSTWIRKSAMKEIT DEINES KINDES

Selbstwirksamkeit ist das Gefühl und das Vertrauen in sich selbst, Herausforderungen zu meistern und Probleme selbst zu lösen. In der Entwicklung deines Kindes spielt sie eine sehr wichtige Rolle. Dieses Gefühl entwickelt sich bereits in den ersten Lebensjahren und kann durch verschiedene Faktoren beeinflusst werden. In diesem Kapitel gebe ich dir Impulse, wie du die Selbstwirksamkeit deines Kindes unterstützen kannst.

Bereits als Baby war dein Kind motiviert, selbstwirksam zu agieren. Es wollte sich ausprobieren, die Welt erforschen und Neues lernen. Das hat es einfach so gemacht, aus einer inneren Motivation heraus. Dein Baby kannte es noch nicht, Dinge nur zu tun, um anderen zu gefallen oder dafür gelobt zu werden. Es hat etwas getan, weil es nach Selbstständigkeit strebte. Dein Kind ist also von Geburt an selbstwirksam.

Im Alter von 1 bis 3 Jahren macht dein Kind dann, wie du gerade gesehen hast, große Fortschritte in seiner motorischen, sprachlichen, kognitiven und sozialen Entwicklung. Die Entwicklung des Selbstwertgefühls spielt dabei eine sehr wichtige Rolle und die Selbstwirksamkeit ist dabei ein zentraler Faktor. Im Alter zwischen 3 und 6 Jahren wird diese Entwicklung gefestigt. Je früher dein Kind sich also selbstwirksam erlebt und dabei ermutigt wird, desto sicherer wird es mit jedem Lebensjahr.

Wenn dein Kind das Gefühl hat, dass es seine Umgebung beeinflussen kann und auf seine Handlungen Auswirkungen hat, entwickelt sich ein positives Selbstkonzept und ein höheres Selbstwertgefühl. Es fühlt sich in der Lage, (neue) Herausforderungen gut zu meistern, und ist motiviert, neue Dinge zu lernen und auszuprobieren. Wenn es allerdings das Gefühl hat, keinen Einfluss auf seine Umwelt zu haben und dass sein Handeln keine Auswirkungen hat, kann dies zu einem niedrigen Selbstwertgefühl und geringerer Selbstwirksamkeit führen.

Folgende Faktoren können die Selbstwirksamkeit deines Kindes beeinflussen:

Dein Verhalten als Elternteil

Je mehr du deinem Kind zutraust, desto mehr gibt du ihm die Möglichkeit, seine Selbstwirksamkeit zu erleben. Wenn du deinem Kind Aufgaben gibst, die es gut bewältigen kann, die aber trotzdem eine Herausforderung darstellen, stärkst du sein Gefühl, etwas selbst schaffen und meistern zu können. Gleichzeitig kann eine zu hohe Erwartungshaltung zu einem Gefühl der Überforderung deines Kindes führen und die Entwicklung der Selbstwirksamkeit schwächen. Das passiert auch, wenn du dein Kind zu sehr kontrollierst oder ihm so gut wie nichts zutraust. Dein Kind wächst dann im Glauben auf, dass schwierige Situationen nur von anderen Menschen gelöst werden können (die es besser als es selbst können), was dazu führt, dass es irgendwann aufhört, es selbst zu versuchen. Begleite dein Kind, aber lass es viele Dinge selbst tun.

Im Laufe des Buches werde ich dir viele praktische Beispiele geben, wie du dein Kind den Alltag selbstwirksam erleben lassen kannst. Sei dabei ein sicherer Anker, aber lass dein Kind selbst agieren.

Die Interaktion mit Gleichaltrigen

Wenn dein Kind in einer Gruppe spielt und es dort entweder allein oder auch gemeinsam mit anderen Probleme lösen kann oder Lösungsstrategien erfolgreich sind, so wird seine Selbstwirksamkeit immens gestärkt. Es braucht keine erwachsene Person, um eine Situation zu meistern – das ist ein großartiger Schub fürs Selbstbewusstsein.

Die Aufgaben für dein Kind

Gib deinem Kind Aufgaben, bei denen es zwar gefordert, aber nicht überfordert ist. Je mehr es das Gefühl vermittelt bekommt, dass es auch komplexe Situationen gut meistern kann, desto höher erlebt es auch seine Selbstwirksamkeit. Die Aufgaben sollten also altersgerecht und vor allem für dein Kind und dessen Fähigkeiten passend sein. Was kann es schon? Wo muss es noch üben? Was ist noch zu komplex und führt unweigerlich zu einem Misserfolg? Was ist komplex, kann aber mittelfristig erreicht werden?

Nicht immer klappt alles sofort. Oft muss dein Kind erst üben oder dann eben doch Hilfe in Anspruch nehmen. Hier kommt ein weiterer Lerneffekt hinzu: der Umgang mit der eigenen Frustrationstoleranz. Die ist erst mal noch nicht aufgebaut, kann aber gefestigt werden. Dein Kind schaut sich hier bestimmt viel von dir ab: Wie gehst du mit Frust oder Misserfolgen um? Was lebst du vor? Kannst du gut einschätzen, wie hoch deine eigene Frustrationstoleranz ist? Welche Werte vermittelst du dabei deinem Kind?

Folgende Sätze können euch dabei helfen:

- *„Du darfst Fehler machen, die mache ich auch.“*
- *„Frag immer nach Hilfe, wenn du Hilfe brauchst. Das ist ziemlich stark!“*
- *„Ich helfe dir.“*
- *„Gemeinsam können wir nach Lösungen suchen.“*
- *„Komm, wir versuchen es zusammen.“*

- *„Wenn etwas nicht klappt, darfst du natürlich traurig oder wütend sein. Dann versuchst du es einfach später noch mal. Gönn dir eine Pause, und wenn du bereit bist, versuch es noch mal."*
- *„Ich glaube an dich. Du schaffst das."*

Raum für Selbstwirksamkeit

Um zu Hause selbstwirksam agieren zu können, braucht dein Kind den entsprechenden Raum. Versetze dich dazu in die Perspektive deines Kindes. Kann es, wie du, aus dem Fenster schauen, das Licht einschalten, die Türen selbstständig öffnen? Kann dein Kind selbstständig für die eigene Körperpflege sorgen, sich die Hände eigenständig waschen? Kann es sich selbstständig in eurer Wohnung bewegen? Erreicht dein Kind ohne Hilfe den Essplatz, seinen Schlafplatz oder auch den Wickelplatz?

AUF AUGENHÖHE

Schaffe deinem Kind Hilfsmittel, um räumlich vorgegebene Höhen zu überwinden und die Dinge auf Augenhöhe betrachten zu können. Im Kapitel → „So gestaltet ihr euren Tag" ab Seite 118 gebe ich dir entsprechende Ideen und Impulse dazu, bezogen auf den jeweiligen Raum.

Ein kindersicheres Zuhause

Ein Kind selbstwirksam durch den Alltag zu begleiten, bedeutet auch, die technischen und emotionalen Rahmenbedingungen dafür zu schaffen. Nur wenn du sicher bist, dass dein Kind beim Erleben der Selbstwirksamkeit keiner großen Gefahr ausgesetzt ist, kannst du es gut dabei begleiten. Wichtig dabei ist, dass du für dich deine eigene

Grenze kennst, was du deinem Kind zutrauen möchtest und wo du selbst unsicher bist. Hinterfrage dich also selbst:

- Was möchte ich meinem Kind zutrauen und was *kann* ich meinem Kind auch zutrauen? Wozu ist es bereits in der Lage, wo muss ich noch mehr hinsehen?
- Gibt es Dinge, die ich meinem Kind gerne zutrauen möchte, aber selbst Angst davor habe? Wie kann ich damit umgehen? Kann ich die Situation delegieren oder muss ich Wege finden, die für mich passen und mein Kind trotzdem nicht hemmen?
- Was sind für mich Grenzen, die ich (noch) nicht überschreiten möchte?

Wichtig ist dabei vor allem, zu erkennen und zu hinterfragen, wo deine Grenzen sind und ob sie auch für dein Kind gelten müssen.

Grundsätzlich sollte die familiäre Umgebung deines Kindes so gestaltet sein, dass es möglichst wenig tatsächlichen Gefahren ausgesetzt ist.

WAS IST „KINDERSICHER"?

Wie „kindersicher" muss deine Wohnung sein? Natürlich ist der Grad der „Kindersicherheit" deiner Wohnung stark vom Alter deines Kindes abhängig, aber nicht nur davon. Es ist immer auch deine persönliche Abwägung zwischen deiner Einschätzung von Gefahrenquellen, dem Umfang und der Intensität deiner Beaufsichtigung, den Möglichkeiten deines Kindes, sich in der Wohnung frei zu bewegen, und dem Maß an Verboten und Regeln, die du aufstellen möchtest und an die sich dein Kind seinem Alter entsprechend halten kann.

Ich habe hier eine Checkliste für dich, die dir dabei hilft, echte Gefahrenquellen zu vermeiden:

- Putzmittel, Geschirrspülreiniger und Waschmittel außer Reichweite deines Kindes aufbewahren
- Duschgel, Shampoo und andere Kosmetikartikel außer Reichweite aufbewahren (bei sehr kleinen Kindern – dann Abwägung)
- Steckdosen sichern (wenn kein Fehlerstromschutzschalter, FI-Schalter, im Haus vorhanden ist)
- Spitze Gegenstände, Scheren, Messer etc. unzugänglich aufbewahren (altersabhängig)
- Regale und Schränke mit Kippschutz versehen und gut an der Wand befestigen
- Giftige Topfpflanzen außer Reichweite von Kindern aufbewahren
- Position und Höhe von Topfpflanzen beachten (Kopfhöhe, Herunterziehen)
- Keine schweren Gegenstände über Kopfhöhe deines Kindes platzieren – Gefahr des Herunterziehens
- Alkohol und Medikamente für Kinder unzugänglich aufbewahren
- Treppen- und Brüstungssicherungen anbringen
- Herd absichern und heiße Töpfe und kochendes Wasser immer außer Reichweite von Kindern halten

Wie bei allem, ist auch hier das gesunde Mittelmaß angebracht. Manche der genannten Punkte wie Treppensicherung, Zugang zu Messer und Schere, Duschgel, Seife etc. brauchst du vielleicht nicht lange im Blick behalten oder je nach Beaufsichtigung gar nicht regulieren. Andere Punkte, die wirklich lebensbedrohlich sein können, solltest du sehr wohl auch auf mehrere Jahre hinweg beachten.

Du kennst dein Kind und kannst es immer besser einschätzen. Und bitte vergleiche es nie mit anderen Kindern. Manche Kinder können früher sicher eine Treppe laufen, bei anderen ist es sinnvoll, das Treppengitter noch länger stehen zu lassen. Dafür können sie andere Dinge gut. Es ist also auch hier kein Wettbewerb.

Drei Fragen, die dir helfen, die Gefahr einzuschätzen und für dich abzuwägen:

1. Bedroht die Gefahr das Leben deines Kindes?
2. Kann dein Kind (schon) ein Bewusstsein für diese Gefahr haben?
3. Wie beurteilst du die mögliche Gefahr im Verhältnis zu dem Entwicklungsbedürfnis deines Kindes?

Aufgrund dieser drei Fragen habe ich beispielsweise Möbelkanten und Schubladen hier gar nicht erwähnt. Auch den Umgang mit Messer, Schere oder der eigenen Seife oder dem eigenen Duschbad darfst du deinem Kind schon im Kleinkindalter zutrauen. Entscheide selbst, wie viel du deinem Kind in seinem aktuellen Entwicklungsstand zutrauen kannst und willst, welche Gefahr realistisch besteht und welches Bedürfnis für dich und dein Kind gerade wichtig(er) ist. Sicherheit, körperliche Unversehrtheit und/oder der Entwicklungsdrang deines Kindes. Beides sollte immer wieder auf den Prüfstand gestellt, reflektiert und hinterfragt werden. Es gibt bei nahezu allen Dingen Empfehlungen des Herstellers oder persönliche Anekdoten und Erfahrungswerte. Sammle deine eigenen mit deinem Kind!

Gib dem Bedürfnis deines Kindes nach Entdecken, Ausprobieren und Erleben den Vorrang, zum Beispiel indem du Laufwege freiräumst. Für dein Kind ist es gerade das Spannende, diesen Hürdenlauf zu vollführen. Sieh genau hin: Ist es wirklich eine Gefahr für dein Kind oder blockiert dich nur eine Sorge oder dein Ordnungsempfinden? Dann hinterfrage dich und setze deine Grenzen aus den wahren Gründen.

KINDERSICHERE UMGEBUNG

Du wirst nicht jeden Kratzer und jede Beule bei deinem Kind verhindern können, und das ist auch gar nicht notwendig und nicht förderlich für dein Kind. Vor einigen Gefahren willst und sollst du dein Kind bewusst schützen, andere Erfahrungen darf und muss dein Kind machen. Denn nur so lernt es, Gefahren oder auch sich und seine eigenen Fähigkeiten selbst gut einzuschätzen. Das ist wichtig, um sicher durch die Welt zu gehen und immer weitere Alltagskompetenzen dazuzulernen.

Die kindersichere Umgebung hilft, dass du weniger Regeln brauchst. Dadurch entstehen weniger Konflikte und dein Kind kann seine Autonomie besser ausleben. Durch ein kindersicheres Zuhause wird auch räumlich eine Ja-Umgebung geschaffen und der Raum für mehr Entfaltung ist gegeben. Weniger Neins führen zu mehr Gelassenheit aller Familienmitglieder.

Umgang mit Erfolg

Dein Kind hat eine Aufgabe oder Situation gemeistert und ist zu Recht stolz auf sich selbst. Das ist toll! Nun möchte es natürlich auch eine Reaktion von dir. Völlig verständlich. Aufpassen solltest du dabei aber, aus welcher Motivation heraus dein Kind etwas schaffen möchte – um ein eigenständiges Ergebnis zu erzielen oder weil es dein Lob, also deine Anerkennung sucht? Das kannst du gut begleiten, wenn du dir überlegst, wie du mit deinem Kind und dem Ergebnis anschließend umgehst.

Loben ja – aber richtig

Sei ehrlich mit deinem Lob. Bist du total begeistert und es handelt sich um einen Meilenstein bei deinem Kind, kannst du es natürlich mit einem Lob bestärken. Manchmal aber ist weniger mehr.

Lobst du dein Kind häufig zu überschwänglich für alltägliche Dinge, hat ein Lob keine Bedeutung mehr. Gleichzeitig verliert das Kind den Ansporn, sich anzustrengen, wenn alles, was es macht, gleich honoriert wird. Du vermittelst dann auch das Gefühl, dass am Ende nur das Ergebnis zählt, aber nicht der Weg. Lob ist immer eine Beurteilung – zwar positiv gemeint, aber es bleibt eine Beurteilung. Dein Kind könnte eine Abhängigkeit und ein falsches Selbstbild entwickeln: *„Nur wenn ich Leistung erbringe, bin ich gut."*

So bestärkst du dein Kind:

- Geh ins Detail und verzichte auf pauschales Lob. Benenne und beschreibe, was genau du gut findest: Statt *„Das Bild hast du toll gemalt"*, könntest du sagen: *„Ich mag die vielen bunten Farben."*
- Würdige den Prozess, nicht nur das Ergebnis: *„Du hast jetzt aber sehr lange konzentriert daran gebastelt!"*
- Sag, was du wahrgenommen hast: *„Du hast ganz allein aufgeräumt. Danke!"* Das hilft deinem Kind, zu erkennen, was genau es gut gemacht hat, und spornt es weiter an.
- Beschreibe deine Gefühle. Dein Kind hat es geschafft, nach ganz oben auf das Klettergerüst zu klettern. Anstatt es überschwänglich dafür zu loben, kannst du sagen: *„Ich freu mich sehr für dich!"*

Erfolg ist wichtig für die Selbstwirksamkeit. Der Umgang damit auch.

SO SIEHT DEIN KIND DIE WELT

„Ich kann das allein!" „Ich möchte das nicht!" „Nein!" Kommen dir diese Sätze bekannt vor? Dann ist dein Kind vermutlich am Anfang oder mittendrin in der Autonomiephase. Sie wird den Alltag deines Kindes und den der ganzen Familie prägen und umkrempeln. Je besser du darauf vorbereitet bist, desto entspannter könnt ihr diese Phase gemeinsam gestalten und bewältigen. Und ich helfe dir dabei.

In der Autonomiephase beginnt dein Kind, autonom, sprich selbstständig zu werden. Es entdeckt sein eigenes Ich und lernt seine Persönlichkeit kennen. Dein Kind möchte alles allein machen und sich ausprobieren. Wie spannend! Dass dies auch manchmal zu Frustration führt, liegt fast auf der Hand. Nicht immer klappt alles auf Anhieb, nicht alles lässt sich allein machen und nicht alles auch so umsetzen, wie sich dein Kind das gerade vorstellt und wünscht. Wut, Frust, Trauer – alles Gefühle, die in deinem Kind toben. Deshalb sprach man früher auch von der „Trotzphase". Dieser Begriff trifft es aber nicht – dein Kind ist nicht trotzig, legt also keine bewusste destruktive Haltung an den Tag. Vielmehr ist so in seinen Emotionen gefangen, dass es keinen anderen Umgang damit findet. Dein trotziges Kind ist in solchen Situationen also vielmehr ein hilfloses Kind. Die Frustrationstoleranz deines Kindes muss sich erst aufbauen und verfestigen. Das ist ein Lernprozess, der auch ganz schön anstrengend ist.

Die Autonomiephase

Dein Kind lernt sich also gerade selbst kennen und somit auch bewusst eigene Bedürfnisse wahrzunehmen. Wunderbar! Leider ist es noch nicht in der Lage, diese auch immer gut mitteilen zu können, sowohl verbal als auch durch Körpersprache. Hat dein Kind also das Gefühl, dass seine Bedürfnisse nicht gesehen und ernst genommen werden, äußert es diese Gefühle durch Weinen, Werfen von Gegenständen, Wutanfällen und allen Verhaltensweisen, die du früher ganz klassisch als „Trotz" eingeordnet hättest.

Das Umdenken und die neue Sicht auf diese Phase helfen dir sehr, das Verhalten deines Kindes besser zu verstehen. Es braucht dich, um all diese zum Teil neuen Gefühle einzuordnen und damit umzugehen. Die Welt da draußen wird gerade immer größer. Das eröffnet viele Möglichkeiten, kann aber auch Angst machen. Mit dir im Hintergrund oder an seiner Seite ist das alles weniger bedrohlich, denn dein Kind weiß, dass es sich in einem sicheren Rahmen ausprobieren darf, ohne Angst vor Sanktionen.

Eine der Hauptaufgaben während der Autonomiephase ist die Entwicklung von Selbstvertrauen und Selbstständigkeit. Kinder beginnen, sich zunehmend selbst zu versorgen, wie zum Beispiel beim Anziehen oder Essen. Sie wollen auch mehr Kontrolle über ihre Umgebung haben und beginnen, ihre eigenen Entscheidungen zu treffen.

„Ich möchte das allein machen" vs. *„Hilf mir bitte!"* Ziemlich ambivalent, ziemlich anstrengend und gleichzeitig so wichtig für die Entwicklung deines Kindes.

Wann beginnt die Autonomiephase?

Bereits mit 18 Monaten wird dein Kind langsam autonom. Du kannst in dieser Zeit beobachten, wie es sich vom hilflosen Baby zum immer selbstständigeren Kleinkind entwickelt hat. Es hat sich kennengelernt *(„Oh, ich habe eine Hand!“),* sich entwickelt (Köpfchen heben, robben, krabbeln, laufen) und kann sich immer besser mitteilen (erste Worte und Sätze). Und jetzt geht es weiter. Das alles muss nun auch umgesetzt und weiter ausgebaut werden. Kinder können dabei einen unglaublichen Ehrgeiz an den Tag legen und immer wieder ausprobieren, bis etwas gut klappt.

Die Hochphase der Autonomiephase liegt in der Regel zwischen 2 und 3 Jahren. Darüber hinaus schwingt sie zwar noch mit, aber dein Kind lernt immer besser, mit seinen Gefühlen umzugehen, diese mitzuteilen und zu zeigen. Es wird sicherer in dem, was es tut, und weiß sich immer besser zu helfen, wenn etwas nicht so funktioniert, wie es sein sollte. Die Wutanfälle werden weniger. Das heißt nicht, dass sie verschwinden; dein Kind hat nur mehr Lösungsstrategien an der Hand, damit umzugehen. Mit dem 6. Geburtstag endet die Autonomiephase so langsam. Sie wird abgelöst von der sogenannten Wackelzahnpubertät, die sich durch die Grundschulzeit hält. Buchtipps zu diesem Thema und auch zur Grundschulzeit findest du im Literaturverzeichnis ab Seite 232.

So kommt ihr gut durch die Autonomiephase

Die Autonomiephase ist eine sehr besondere Zeit – für dein Kind, aber auch für dich. Nicht nur dein Kind lernt sich neu kennen, sondern auch du wirst dein Kind in vielen Facetten neu erleben. Du wirst herausfinden müssen, was genau in welcher Situation gerade hilfreich ist. Das kann heute etwas anderes sein als am Tag zuvor. Im Folgenden gebe ich dir aber ein paar wichtige Impulse mit, wie du dein Kind gut durch diese so wichtige Phase begleiten kannst.

- **Begleite die Gefühle deines Kindes.** Dein Kind ist mitten in einem sogenannten Gefühlssturm und kommt da allein nicht mehr heraus. Es braucht dich. Manche Kinder brauchen dann körperliche Nähe, manche den Abstand, aber mit Sichtkontakt. Sprich später ruhig mit deinem Kind. Mitten in einem Wutanfall wird dein Kind nicht zugänglich dafür sein. Das kannst du anschließend oder auch erst am Abend tun. Verbalisiere die Gefühle und zeige Verständnis: *„Du warst richtig wütend, oder?“* oder *„Das würde mich auch traurig machen!“*

ACHTUNG: LIEBESENTZUG UND ERPRESSUNG SCHADEN

Reagiere bitte nie mit Liebesentzug, emotionaler Erpressung oder bewertenden Sätzen wie *„Wenn du immer so wütend bist, ist Mami ganz traurig!“*, *„Ich mag dich lieber, wenn du nicht so bockst“* oder *„Deswegen weinst du? Das ist doch nicht so schlimm!“* Damit setzt du dein Kind noch mehr unter emotionalen Druck, als es eh schon ist und sprichst ihm seine Gefühle ab. Gefühle wahrzunehmen und ohne Bewertung ausleben zu dürfen ist aber ein wichtiger Schritt in Richtung Selbstregulierung.

- **Lass dein Kind machen.** Dein Kind möchte sich ausprobieren – dann lass es sich auch ausprobieren. Nur so wird es selbstständig und selbstsicher und kann seine Selbstwirksamkeit erfahren. Im Kapitel → „So gestaltet ihr euren Tag“ ab Seite 118 bekommst du viele Impulse und Anregungen, was dein Kind im Alltag schon alles allein machen oder wobei es dich gut unterstützen kann.
- **Bleibe gelassen.** Leichter gesagt als getan. Und trotzdem ist das so wichtig. Diese Phase verlangt allen Beteiligten so einiges ab. „Druck erzeugt Gegendruck“, dieses physikalische Gesetz gilt auch in der Pädagogik. Je mehr du verstehen kannst, was gerade in deinem Kind passiert, desto gelassener und verständnisvoller kannst du dein Kind auch durch diese Phase begleiten. Nimm dir deine Auszeiten und achte auf deine Bedürfnisse. Nur, wer für sich selbst gut sorgt, kann sich auch um andere sorgen.
- **Bleibe bei dir und deinem Kind.** Achte nicht auf Blicke oder Kommentare, die euch eventuell bei einem Wutanfall im Supermarkt treffen. Das ist am Anfang schwer auszuhalten, aber: Dein Kind braucht dich, nicht die fremde Dame mit dem missbilligenden

Blick an der Kasse. Geh mit deinem Kind in Beziehung und findet gemeinsam heraus, was ihm in dieser Situation helfen kann. Überlegt euch anschließend Strategien, die es im Vorfeld für dein Kind einfacher machen. Kündige bestimmte Situationen zum Beispiel vorher besser an.
- **Wechsle die Perspektive.** Dazu mehr im folgenden Kapitel.

Wage den Perspektivwechsel

Perspektivwechsel bedeutet, dass du dich in die Lage deines Kindes versetzt und versuchst, die Dinge aus seiner Sicht zu sehen und dadurch zu verstehen, was es braucht, denkt und fühlt.

Wie hilft dir ein Perspektivwechsel?
- Er kann dir helfen, verständnisvoller auf dein Kind zu reagieren und es besser in der jeweiligen Situation zu begleiten.
- Dich selbst macht er gelassener, denn du weißt nun, was hinter dem Verhalten deines Kindes steckt: keine Provokation zum Beispiel, sondern Unverständnis oder auch Verzweiflung über eine Situation oder die Handlung eines Erwachsenen.
- Du kannst empathischer auf dein Kind reagieren und somit deinem Kind das Gefühl vermitteln, dass du es verstehst und seine Gefühle siehst.
- Ihr könnt gemeinsam kreativer bei der Lösungsfindung werden, denn du kannst dich besser in dein Kind einfühlen und so herausfinden, was helfen könnte und was es gerade jetzt braucht.

Hilfreich sind dabei folgende Fragen:
- Wie möchte ich, dass mit mir umgegangen wird?
- Was würde diese Situation bei mir auslösen?
- Würde ich so mit einem Erwachsenen sprechen oder umgehen?
- Würde ich dieses Verhalten von einem Erwachsenen erwarten oder einfordern?

Oft erwarten wir Dinge und Verhaltensweisen von Kindern, die wir selbst als Erwachsene nicht leisten können. Denke an die Situation im Straßenverkehr – wie viele Menschen gibt es, die beim Autofahren laut schimpfen und fluchen? Wie viele Erwachsene haben eine sehr geringe Frustrationstoleranz oder können sich emotional nur schwer beruhigen? Von einem kleinen Kind wird das aber oft sehr schnell erwartet. *„Nun beruhige dich doch!“ „Hör auf zu weinen!“ „Sei nicht so wütend!“* Solche Sätze kommen Erwachsenen sehr schnell über die Lippen, wenn es darum geht, die Gefühle bei einem Kind regulieren zu wollen.

Versuche, die Gefühle deines Kindes auszuhalten. Du musst nicht alles sofort wegtrösten und auflösen. Sei da und halte die Gefühle zusammen mit deinem Kind aus. Das gibt ihm das Gefühl, dass seine Gefühle richtig und wichtig sind. So lernt es am besten, mit ihnen umzugehen.

Vorbildfunktion

Um als Vorbild fungieren zu können, ist es wichtig, sich selbst zu kennen und zu wissen, wie man in den unterschiedlichsten Situationen reagiert. Das ist nicht immer einfach und manchmal gibt es Situationen, die auch für dich neu sind. Dennoch ist es gut, wenn du weißt, welche Gefühle bei dir welche Verhaltensweisen auslösen.

Dein Kind schaut sich all das von dir ab. Sei dir dessen also bewusst und überlege, ob ein Verhalten deines Kindes nicht dein eigener Spiegel (oder der einer anderen wichtigen Bezugsperson) sein könnte. Beantwortest du diese Frage mit ja, fällt es dir bestimmt leichter, dich in die Gefühlslage deines Kindes hineinzuversetzen und Verständnis dafür aufzubringen, denn: Es kopiert dich und lernt von dir. So übernimmt dein Kind von dir, wie man sich in den unterschiedlichsten Situationen verhält und verinnerlicht dieses Verhalten.

Auf Augenhöhe

Dein Kind auf Augenhöhe zu begleiten, hat zweierlei Bedeutungen. Zum einen bedeutet es, die Bedürfnisse und Emotionen deines Kindes gleichrangig zu stellen wie die jedes Erwachsenen in der Familie. Dies bedeutet nicht, dein Kind wie eine kleine erwachsene Person zu behandeln. Es bedeutet aber, dein Kind in seiner Persönlichkeit ernst zu nehmen und ihm den Respekt zukommen zu lassen, den du auch einem Erwachsenen gegenüber hast. Der dänische Familientherapeut Jesper Juul spricht hier von der *Gleichwürdigkeit*, nicht Gleichberechtigung.

Versuche, die Welt deines Kindes mit Kinderaugen zu sehen. Im folgenden Kapitel wirst du ein paar Anregungen bekommen, dich einmal auf die Höhe deines Kindes zu begeben und die Welt aus dieser (kleinen) Perspektive zu betrachten. Wie gut erreichbar sind Möbel und Dinge des täglichen Lebens? Was siehst du alles aus dieser Perspektive? Aber auch: Wie selbstbestimmt ist dein Kind wirklich? Wo hat es tatsächlich ein Mitspracherecht und kannst du verstehen, warum manche Entscheidungen von dir für dein Kind richtig blöd sind?

Auf Augenhöhe bedeutet auch, dein Kind einfach zu fragen, an welcher Stelle es gerne mehr Mitwirkung hätte.

SO HILFST DU DEINEM KIND, ES SELBST ZU TUN

Wenn es um die Entwicklung und Selbstbestimmung von Kindern im Alltag geht, ist die Pädagogik von Maria Montessori ein wichtiger und wesentlicher Bestandteil. „Hilf mir, es selbst zu tun!" steht hier im Mittelpunkt. Diese Idee steht auch hinter den Tipps in diesem Ratgeber. Im folgenden Kapitel gehe ich auf die wichtigsten Grundsätze der Montessori-Pädagogik ein und erkläre dir, warum sie für den Alltag mit deinem Kind so wichtig sind und wie du sie gut umsetzen kannst.

Die bindungs- und bedürfnisorientierte Begleitung von Kindern und die Montessori-Pädagogik haben viele Parallelen. Wie in der bindungs- und bedürfnisorientierten Begleitung von Kindern spielen auch in der Montessori-Pädagogik Beziehungen eine wichtige Rolle. Je sicherer gebunden sich dein Kind fühlt, desto sicherer kann es auch seine Welt erkunden und sich ausprobieren.

Der respektvolle Umgang mit dem Kind ist neben der Beziehung ein weiteres wichtiges Fundament. Jedes Kind wird als Individuum gesehen und als autonome Persönlichkeit wahrgenommen. Die Eigenständigkeit eines jeden Kindes ist ebenfalls eine wichtige Gemeinsamkeit. Beide Ansätze unterstützen die Entwicklung von Selbstvertrauen und Selbstständigkeit.

Sprechen wir also von einem selbstwirksamen Alltag mit Kindern, ist die Montessori-Haltung nicht wegzudenken und darf in diesem Buch nicht fehlen.

Die Pädagogik von Maria Montessori

Den Namen Maria Montessori hast du bestimmt schon gehört. Doch wer war diese Frau, die eine so wichtige pädagogische Haltung geprägt hat, und was macht ihre Pädagogik aus?

Maria Montessori war eine italienische Ärztin. Nach ihrem Medizinstudium arbeitete sie in einer psychiatrischen Klinik für Kinder und Jugendliche. Damals (Anfang des 20. Jahrhunderts) wurden Kinder mit psychischen Erkrankungen nur verwahrt. Das war Maria Montessori aber zu wenig und sie entwickelte ein Programm, um diese Kinder zu fördern. Im Rahmen dieser Arbeit erweiterte sie ihr Konzept auch auf gesunde Kinder.

Ihr war es wichtig, Kinder in ihrem individuellen Lerntempo zu begleiten und in ihrer Selbstständigkeit zu unterstützen. Ihre Erkenntnisse und ihren Ansatz fasste sie in einem Konzept zusammen und legte damit den Grundstein für die Montessori-Pädagogik.

Lernen im eigenen Rhythmus

Mittlerweile gibt es weltweit Montessori-Kitas und auch Montessori-Schulen. In beiden Bildungseinrichtungen steht das eigenständige Lernen im Fokus. Die Gruppenräume und Klassenzimmer sind zum Beispiel so gestaltet, dass Kinder die Möglichkeit haben, ihre Umgebung zu erkunden und so ihre Interessen zu entfalten. Ihnen werden Lernangebote gemacht, die individuell angenommen werden. Am Ende haben alle Kinder den gleichen Lernstand (theoretisch), haben ihn aber auf unterschiedliche Weise beziehungsweise zu unterschiedlichen Zeitpunkten erlangt. Der Bildungs- bzw. Lehrplan fokussiert sich auf die Bedürfnisse, Talente und Begabungen des einzelnen Kindes und behält dessen soziales Lernen im Blick.

Kinder lernen am besten im eigenen Rhythmus, und der Ausspruch „Lass mir Zeit“ ist grundlegende Basis von Maria Montessoris Pädagogik. Sie ging davon aus, dass Kinder bis zum 6. Lebensjahr lernen wollen und alles aufsaugen wie ein Schwamm. Wenn sie eine Thematik interessiert, lernen Kinder im Grunde automatisch: Es müssen ihnen genug Raum, Reize und Inputs gegeben werden, um auch lernen zu können – und sie entscheiden dann selbst, wann sie für das Erlernen bestimmter Fähigkeiten bereit sind.

Damit unterscheiden sich Montessori-Schulen zum Beispiel vom noch oft gelebten Frontalunterricht nach einem festen Lehrplan an staatlichen Schulen. Die pädagogischen Fachkräfte und auch die Lehrer*innen verstehen sich in Montessori-Einrichtungen als unterstützende Wegbegleiter*innen.

KOSMISCHE ERZIEHUNG

Ein weiteres Element der Montessori-Pädagogik ist die „kosmische Erziehung“. Was auf den ersten Blick sehr esoterisch klingt, ist es nicht: Gemeint ist damit, dass Kinder von klein auf auf globale Zusammenhänge und naturwissenschaftliche Gesetzmäßigkeiten aufmerksam gemacht werden sollen, um so ihre immer größer werdende Welt besser erfassen zu können. Somit können sie auch die Folgen ihres Tuns besser abschätzen und leichter Verantwortung dafür übernehmen.

Mit Materialien die Welt entdecken

Zur Unterstützung und Umsetzung der Montessori-Pädagogik gibt es durchdachte Montessori-Materialien.

Maria Montessori teilte die Materialien in fünf Bereiche ein:
1. Materialien für Übungen des täglichen Lebens
2. Sinnesmaterial
3. Mathematikmaterial
4. Sprachmaterial
5. Materialien zur kosmischen Erziehung, also für das Erkennen von Zusammenhängen und naturwissenschaftlichen Prozessen

Mit diesen Materialien sollen nicht nur die oben angesprochenen Bereiche unterstützt werden. Kinder sollen dadurch auch Spaß und Freude am Lernen erfahren, ihre Konzentration und Ausdauer schulen, selbstständig und selbstsicher werden und die Fähigkeit zur Differenzierung und Wahrnehmung erlangen. Das Spielzeug und die Materialien sind oft aus hochwertigem Holz und sehr nachhaltig.

Um dein Kind im Alltag mit Ansätzen aus der Montessori-Pädagogik begleiten zu können, musst du nicht zwangsläufig gekauftes Montessori-Material zu Hause haben. Es lässt sich auch sehr gut selbst herstellen, denn die pädagogische Idee steht ja im Vordergrund und diese lässt sich auch mit einfachen Mitteln veranschaulichen.

Im folgenden Abschnitt gebe ich dir ein paar Impulse für schnell selbstgemachte Spiele im Sinne Montessoris:

Sortierspiele jeder Art

Diese Spiele sind Klassiker aus der Montessori-Pädagogik und eignen sich je nach Schwierigkeitsgrad für Kinder jeden Alters. Sie unterstützen dein Kind dabei, Farben und Formen zu erkennen, Gemeinsamkeiten und Unterschiede zu verstehen, Dinge nach Gruppen zu ordnen und Zugehörigkeiten zu begreifen. Bereits Babys und Kleinkinder lieben es, zu sortieren. Denk nur daran, wie gern dein Kind deinen Schrank mit Plastikdosen ausräumt. Je älter dein Kind, desto schwieriger können die Aufgaben werden (nach Zahlen oder Buchstaben sortieren zum Beispiel). Je nach Material und Technik (zum Beispiel sortieren mit einer kleinen Zange) wird auch die Feinmotorik gefördert.

Wurfspiele

Stell ein Körbchen auf und lass dein Kind Bälle oder sonstige Dinge, die sich unkompliziert werfen lassen, hineinwerfen. Positioniere das Körbchen je nach Alter so, dass es einfacher oder schwieriger zu treffen ist.

Selbstgemachte Rassel- oder Schüttelgläser

Vielleicht kennst du diese Gläser aus der Babyzeit, je nach Material machen sie auch größeren Kindern Spaß. Fülle ein Gefäß (Glas, Flasche etc.) mit rasselnden Gegenständen wie beispielsweise Nudeln, Reis oder Naturmaterialien. Dein Kind kann damit nun spielen (z. B. ein Geräuschmemory) oder auch zur Ruhe kommen.

Spiele für die Sensorik

Viele Kinder lieben es, Dinge mit den Händen zu be-greifen. Stelle verschiedene Schüsseln mit den unterschiedlichsten Materialien bereit und lass dein Kind nun schaufeln, mixen, fühlen, sortieren etc.

Montessori-Materialien müssen also nicht teuer sein und lassen sich schnell selbst herstellen.

Selbstständig zu Hause beschäftigen

Neben dem Material gibt es auch Montessori-Möbel. Sie wurden zwar nicht von Maria Montessori entworfen, unterstützen aber ihre pädagogischen Ansätze und fördern Selbstständigkeit, eigenständiges Lernen und Entdecken. Die Möbel zeichnen sich durch drei wesentliche Merkmale aus, die sich auch auf ganz normale Möbel übertragen lassen:

- Sie bestehen überwiegend aus Naturmaterialien, strahlen Geborgenheit und Stabilität aus, sind hochwertig verarbeitet, schadstofffrei, haptisch ansprechend und kindgerecht ästhetisch.
- Sie sind langlebig, was nicht nur ihre Stabilität, sondern auch ihre Flexibilität betrifft. Durch die Wandelbarkeit und eine vielseitige Einsetzbarkeit können die Möbel über viele Jahre verwendet werden.
- Sie sind geprägt von einem hohen Aufforderungscharakter. Das heißt, sie bieten Anregung, genutzt zu werden. Sie unterstützen den Gebrauch durch eine eindeutig erkennbare Funktionsweise.

Derartige Möbel helfen deinem Kind, Material, Spielzeug, Kleidung und vieles mehr selbstständig zu nutzen, und ermöglichen es ihm so, kindgerecht am Alltag teilzuhaben. Mehr dazu im folgenden Gastbeitrag von Jana Geiger.

Die Montessori-Umgebung

Gastbeitrag von Jana Geiger

Um dein Kind selbstwirksam am Alltag teilhaben zu lassen, braucht es von dir die entsprechende räumliche Umgebung. Eine kindgerechte, durchdachte Wohnumgebung kann ein wertvoller Baustein sein, deinem Kind mehr Autonomie zu ermöglichen. Für dieses Thema habe ich mir fachliche Unterstützung bei der Architektin Jana Geiger geholt.

Sie beschreibt, wie du dein Zuhause so gestalten kannst, dass Kinder sich selbstständig und selbstwirksam einbringen können.

Die Architektin Jana Geiger hat langjährige Erfahrung in der Innenraumgestaltung und eine Zusatzausbildung in Wohn- und Architekturpsychologie. Ihr Schwerpunkt liegt auf der familiengerechten, bedürfnisorientierten Wohnraumplanung und der Beratung bei der Planung pädagogischer Einrichtungen. Dabei bezieht sie die Haltung von Montessori immer wieder mit ein.

Die kindgerechte Wohnung nach den Prinzipien von Montessori

Warum sind die Prinzipien von Maria Montessori ein guter Leitfaden für die Gestaltung deiner kindgerechten und alltagstauglichen Wohnung? Derzeit finden wir zahlreiche Beispiele gut gedachter und gut gemachter Kindermöbel, bei denen es nicht nur ums Design geht. Sondern es wird vielmehr eine Haltung mit den Möbeln und Kinderzimmern vermittelt. In erster Linie geht es darum, die Selbstständigkeit, die Selbstwirksamkeit und die Entwicklung des Kindes zu fördern.

Die Grundprinzipien von Maria Montessori beschreiben dies gut: „Kinder sind Baumeister ihrer selbst“, „Kinder werden in ihrer Persönlichkeit geachtet und als wertvolle Menschen angesehen“, „Kinder sollen aus ihrer eigenen Motivation heraus lernen“, „Schwierigkeiten sollen eigenständig überwunden werden.“

Die 0- bis 6-Jährigen sieht Montessori in der „schöpferischen und konstruktiven Phase". Spielend lernen, erforschen, begreifen und entdecken stehen im Fokus. Montessori prägte den Begriff der „Vorbereiteten Umgebung".

Was braucht dein Kind also in dieser Entwicklungsphase in eurer Wohnung, um sich bestmöglich entfalten und entwickeln zu können? Was zeichnet eine „vorbereitete Umgebung" aus?

Ich übersetze für dich die Prinzipien von Montessori ins Hier und Heute und beziehe sie auf dein Wohnumfeld:

Orientierung und Ordnung – Die Dinge brauchen ihren Platz!
Mit deinem Kind ziehen auch viele neue Gegenstände bei euch zu Hause ein. Kinderwagen, Wiege, Bettchen, Kindergeschirr, Spielzeug und vieles mehr. Vielleicht ist schnell klar, wo das Kinderzimmer sein wird und wo dein Kind schlafen soll, wo sich der Wickelplatz befindet und wo der Kinderwagen stehen soll.

Mit der Zeit aber wächst nicht nur dein Kind, sondern auch die Dinge, die ihm gehören, wachsen. Und diese brauchen ebenfalls ihren Platz.

Tipp: Überlege dir, wo dein Kind den Platz für seine Dinge findet! Für jeden Raum sollte es einen klar definierten Bereich geben, den dein Kind als seinen eigenen erkennen und nutzen kann, für Kleidung, Material zum Spielen und vieles mehr – überschaubar und geordnet.

So erfährt dein Kind Teilhabe am Familienleben und Familienwohnen. Es hat selbstständig Zugang zu seinen eigenen Sachen auf kindgerechter Höhe. Haben die Dinge einen eindeutigen Platz, hilft das deinem Kind, sich zu orientieren und die vorhandene Ordnung und Struktur zu verstehen und einzuhalten. Diese Plätze dürft ihr von Zeit zu Zeit hinterfragen und anpassen. Mit dem Alter verändern sich die Ansprüche an Platz und Raum. Es empfiehlt sich, für Dinge, die dein Kind oder ihr gemeinsam gern im Familienzentrum oder am Familientisch spielt, bastelt und erledigt, auch direkt hier einen Platz vorzusehen.

Gibt es einen klar definierten Ort, an dem dein Kind diese Dinge zu verstauen weiß, so hilft es ihm, dies auch zu tun. Je klarer du selbst in deiner Struktur und Ordnung bist, desto leichter fällt es auch deinem Kind.

Dabei gilt die Devise „Weniger ist mehr!" Weniger Spielzeug, gut einsehbar und auffindbar, vermeidet Überforderung und hilft deinem Kind, in ein konzentriertes Spiel zu kommen. Verstaue immer mal wieder Spielzeug im Keller oder auf dem Dachboden und hole es nach dem Rotationsprinzip hervor.

Selbstwirksamkeit erfahren durch die passende Wohnungseinrichtung

Hilf deinem Kind, die Dinge selbst zu tun! Eines der wichtigsten Prinzipien für die Raumgestaltung nach Montessori ist die erlebte Selbstwirksamkeit. Barbara beschreibt es in diesem Buch in verschiedenen Kapiteln sehr ausführlich und anschaulich.

Das Einnehmen der Perspektive deines Kindes hilft dir, die Hürden, die es im Alltag erlebt, zu erkennen und zu beseitigen.

Tipp: Schaffe deinem Kind Hilfsmittel, um räumlich vorgegebene Höhen zu überwinden und die Dinge auf Augenhöhe betrachten zu können! Hocker, Steighilfen, Podeste, bodennahe Möbel usw.

All das kann deinem Kind ein selbstbestimmtes Handeln ermöglichen und so seine Entwicklung fördern. Montessori definierte den Leitsatz: „Hilf mir, es selbst zu tun!" – „Das Kind als Baumeister seiner selbst." Nicht nur die zuvor beschriebene Ordnung und Struktur ermöglichen dies, sondern auch die Montessori-Möbel sind bestens geeignet, diese Anforderung umzusetzen.

Schaffe Platz und Gelegenheit für ausreichend Bewegung!

Besonders für die 0- bis 6-Jährigen ist Bewegung ein elementares Entwicklungsbedürfnis, dem auch in eurer Wohnung nachgekommen werden sollte. Natürlich möglichst, ohne das eigene Bedürfnis *nach Ruhephasen aus den Augen zu verlieren – oder auch das der Nachbar*innen.*

Was kannst du tun, um die Bewegung deines Kindes innerhalb eurer Wohnung zu fördern?

Stabile Möbel wie die Montessori-Möbel, spezielle Kletterelemente oder eine Hüpfmatratze unterstützen den Bewegungsdrang. Aber auch der Blick auf eine „kindersichere“ Wohnung ist eine wichtige Voraussetzung für das freie Bewegen deines Kindes, ohne, dass du zu oft einschreiten musst. Durch klar definierte Zonen und gut erkennbare Bereiche, die dein Kind einladen zum Toben, Laufen, Springen und Klettern, reduzierst du Konflikte.

Mach dir aber auch bewusst, welche Bereiche in der Wohnung für euer aktives Wohnen gedacht sind und wo eher ruhige Tätigkeiten wie Lesen, Malen, Musikhören und Kuscheln stattfinden sollen. Wie bei allem, was ein bedürfnisorientiertes Zusammenleben auszeichnet, ist es auch beim bedürfnisorientierten Wohnen wichtig, dass euer aller Bedürfnisse erfüllt sind. Ein Bereich, der für deine Erholung gedacht ist, ist legitim und darf „verteidigt“ werden.

Rückzugsmöglichkeiten – Wichtig für die Selbstregulation
Für die Förderung der Selbstregulation deines Kindes ist es wichtig, den passenden Raum und entsprechende Rückzugsmöglichkeiten zu haben. Oft suchen sich Kinder sehr selbstständig und unbewusst bei Trubel diese Räume, zum Beispiel bei einer Feier unter einem Tisch oder in einem anderen Zimmer.

Auch innerhalb eures Zuhauses ist es wichtig, dass dein Kind diese Bereiche und Möglichkeiten hat. Das muss nicht zwangsläufig das eigene Zimmer sein, denn gerade kleine Kinder brauchen dazu auch immer noch die Nähe der Bezugspersonen. Ein Tuch als Versteck über einen Tisch geworfen, ein Tipi im Wohnzimmer, selbst ein einfacher Pappkarton oder der Wäschekorb bieten deinem Kind Möglichkeiten, sich zurückzuziehen.

Polarisierung der Aufmerksamkeit – Platz für Konzentration

Wenn alle vorher genannten Punkte für dein Kind erfüllt sind, wenn es eine „vorbereitete Umgebung" vorfindet, frei die Mittel und das Material seines Spiels auswählen kann, wenn es sich in einer vertrauten und geborgenen Umgebung befindet, dann kann es in einen optimalen Konzentrationszustand kommen. Eine Konzentration, die es ihm ermöglicht, eine Tätigkeit aufmerksam und fokussiert zu verfolgen. Dadurch werden seine Wahrnehmung geschult und seine Entwicklung gefördert. Montessori sprach hierbei von der Polarisierung der Aufmerksamkeit.

Dein Kind findet ins Spiel und lernt somit spielend die Welt und ihre Zusammenhänge kennen.

Natürlich ist die Einrichtung eures Zuhauses nach Montessori nicht die Lösung aller Dinge. Auch die Größe eurer Wohnung ist dabei nicht entscheidend. Wenn du die wesentlichen (Wohn-)Bedürfnisse deiner Familie kennst, können auch Herausforderungen in eurem Alltag besser gemeistert werden.

Wie immer und überall spielen viele Kriterien eine Rolle, mit denen ein gutes Begleiten deines Kindes funktionieren kann. Und selbstverständlich ist deine Rolle als Bezugsperson, die Halt und Geborgenheit gibt und die als Vorbild agiert, der wesentliche Teil dieses Begleitens. Dein Zuhause kann aber einen wichtigen Beitrag leisten, um dein Kind selbstwirksam am Alltag teilhaben zu lassen und Alltagskonflikte zu reduzieren.

Montessori in eurem Alltag

Laut Maria Montessori möchte ein Kind seine eigenen Fähigkeiten und Interessen entdecken und selbstständig entwickeln.

Du hast bereits im vorherigen Kapitel gelesen, dass es in ihren Ansätzen darum geht, die natürliche Neugier und den Entdeckungsdrang des Kindes zu unterstützen und ihm die Freiheit zu geben, in seinem eigenen Tempo zu lernen und zu wachsen. Kinder werden als autonome Individuen gesehen, die ihre Umgebung aktiv erkunden und die lernen möchten. Oft wird vom „eigenen Baukasten" gesprochen, der individuell in jedem Kind vorhanden ist und entsprechend entwickelt wird.

Kinder möchten unbewusst selbstständig sein, und diesen Plan verfolgen sie von Beginn an. Jeder neue Schritt der Entwicklung führt zu mehr Autonomie. Das sieht man sehr gut daran, wie Babys sich im ersten Lebensjahr ganz automatisch immer mehr zutrauen und intrinsisch, das heißt von sich aus, neue Entwicklungsschritte gehen: vom Köpfchenheben zum Drehen, vom Robben zum Krabbeln zum Laufen. Dieser Wunsch, immer selbstständiger und autonomer zu werden, bleibt.

„Hilf mir, es selbst zu tun!", ist auch hierbei ein sehr zentraler und wichtiger Satz. Du hilfst deinem Kind nicht, indem du ihm ständig Dinge abnimmst oder sie ihm nicht zutraust. Durch das eigenständige Bewältigen von Aufgaben lernt dein Kind nicht nur die Tätigkeit an sich, sondern gewinnt auch Selbstvertrauen und Sicherheit im eigenen Tun.

Dein Kind braucht dich als erwachsene Person als Begleiter*in, als Bezugsperson. Es braucht deine Unterstützung und Motivation, um sich selbst und Dinge auszuprobieren. Es braucht gleichzeitig den Raum und die Möglichkeit, „es selbst zu tun", sprich, du solltest es ausprobieren lassen. Dabei spielt das Vertrauen in dein Kind eine sehr große und zentrale Rolle.

Für die Umsetzung der Montessori-Pädagogik in euren Alltag helfen dir folgende Punkte:

Einbeziehen in den Alltag

Beziehe dein Kind so oft und so gut es geht in Alltagsdinge mit ein. Das kann beim Kochen, Wäschefalten oder Tischdecken sein. Inspirationen und Ideen findest im Kapitel → „So gestaltet ihr euren Tag“ ab Seite 118. Dein Kind lernt dabei nicht nur die tatsächlichen praktischen Dinge, sondern auch Fähigkeiten wie Ordnung, Zeitmanagement oder Verantwortung.

Kreativität

Je mehr du dein Kind anregst, kreativ zu sein, desto offener wird es im Denken. Das hilft zum Beispiel bei der kreativen Lösungsfindung in kniffligen Situationen. Kreativität kannst du durch das Bereitstellen und Anbieten von Malutensilien, Musikinstrumenten aber auch Büchern fördern. Dein Kind sollte im Alltag ausreichend Zeit finden können, um diesen Dingen auch nachzugehen.

Unabhängiges und freies Lernen

Kinder möchten forschen und entdecken. Sie wollen lernen und die Welt erkunden. Sei nah bei deinem Kind und unterstütze es in seinen Interessen. Egal, ob ihr beim Spaziergang stehen bleibt, um einen Bagger ganz genau in Augenschein zu nehmen, oder euch über den Tag hinweg mit einem Thema intensiv beschäftigt. (Mit Autos zum Beispiel, die sowohl beim Malen als auch Vorlesen oder im Spiel gerade sehr wichtig sind.)

Kinder lernen dann am besten, wenn sie etwas tun, was ihnen Spaß macht oder gerade interessant für sie ist. Lass dein Kind zum Forscher oder zur Forscherin werden und animiere es, Antworten auf Fragen selbst zu finden (je nach Alter natürlich). Je weniger vorgefertigte Antworten du gibst, desto selbstständiger lernt dein Kind.

Statt also eine schnelle Antwort zu geben, ermutige dein Kind, selbst eine Idee zu entwickeln. Bestärke es, selbst nach einer Antwort zu suchen, indem du es fragst, was es sich denn als Antwort vorstellen könnte.

Mögliche Fragen, die du deinem Kind stellen kannst:

- *„Was denkst du denn, warum es so ist?"*
- *„Hast du eine Idee, wie das möglich ist? Was ist deine Meinung zu diesem Thema?"*
- *„Kannst du dir vorstellen, wie es sein könnte?"*
- *„Wo können wir nachschauen? Wen können wir fragen?"*
- *„Erinnerst du dich, wie es weiterging, als du das letzte Mal xy gesehen hast?"*

Das ist natürlich nicht immer möglich, und wenn dir die Zeit dazu fehlt und du schnell auf die Frage deines Kindes antwortest, ist das für dein Kind natürlich ebenfalls ein Lerneffekt. Achte aber mal bewusst auf die Fragen deines Kindes und animiere es zur selbstständigen Lösungsfindung. Durch das selbstständige Erarbeiten einer Information bleibt viel mehr Wissen hängen als durch vorgefertigte Antworten.

Selbstregulation

Der Alltag verläuft nicht ohne Gefühle und Bedürfnisse, und das beeinflusst das Verhalten deines Kindes. Begleite also dein Kind im Alltag dabei, Gefühle und Bedürfnisse zu erkennen, einzuordnen und positive Bewältigungsstrategien zu entwickeln. Mehr zum Thema Gefühle und Bedürfnisse im Alltag und dem Umgang damit findest du im Kapitel → „Grenzen wahren und Bedürfnisse erkennen" ab Seite 79.

Sprache

Verzichte so gut wie möglich auf eine bewertende Sprache. Dein Kind möchte viele Dinge selbst machen und dir gefallen – nicht immer gelingt es ihm aber. Du kannst dein Kind in seiner Selbstständigkeit bestärken und motivieren, ohne es (oder sein Tun) abzuwerten. Statt: *„Du hast die Schuhe falsch herum angezogen"* kannst du sagen: *„Schau mal, der rechte Schuh ist am linken Fuß gelandet."*

Aufbau von Beziehung

Wie in der bindungs- und bedürfnisorientierten Begleitung von Kindern, spielen auch in der Montessori-Pädagogik Beziehungen eine wichtige Rolle. Je sicherer gebunden sich dein Kind fühlt, desto sicherer kann es seine Welt erkunden und sich ausprobieren. Dazu gehört auch, Kindern auf Augenhöhe zu begegnen, sie respektvoll zu behandeln, ihnen Freiheit mit klaren Grenzen zu gewähren, ihre Individualität zu fördern und achtsam mit ihnen zu agieren und zu kommunizieren.

Sinnvolle Beschäftigung und Konzentration

Durch die sinnvolle Beschäftigung mit Alltagstätigkeiten lernt dein Kind, sich über einen längeren Zeitraum auf eine Aufgabe zu fokussieren und diese erfolgreich abzuschließen. Diese Fähigkeiten sind nicht nur für das Lernen in Kita und später Schule wichtig, sondern auch für das ganze Leben.

SO FÜHLT IHR EUCH IM ALLTAG SICHER

Um gut durch den Alltag zu kommen, helfen dir Sicherheitsanker, an denen du dich orientieren kannst und die dich dabei unterstützen, den Alltag mit deinem Kind gut zu meistern. In diesem Kapitel sprechen wir über Regeln, Absprachen und Rituale. Ich zeige dir außerdem, warum Bedürfnisse und Grenzen so wichtig sind und wie du sie achten und wahren kannst. Dies bildet euer sicheres Gerüst für den Alltag.

Ein weit verbreitetes Vorurteil gegenüber der bindungs- und bedürfnisorientierten Begleitung von Kindern ist, dass es keine Regeln, Absprachen und Grenzen gibt, da diese die Freiheit der Kinder einschränken würde. Das ist falsch. Denn genau diese Elemente geben deinem Kind auch Sicherheit. Der entscheidende Unterschied ist aber, wie diese Regeln, Absprachen und Grenzen vermittelt werden und wie mit ihnen umgegangen wird. Wichtig ist auch das Grundverständnis, dass diese für alle innerhalb der Familie gelten und nicht nur für das Kind – auch Erwachsene müssen sich daranhalten, Grenzen für sich setzen und damit ein gutes Vorbild sein.

Regeln und Absprachen

Sie sollten Teil eures Alltags sein, denn:

Regeln ...	Absprachen ...
geben deinem Kind Orientierung und Struktur.	ermöglichen euch, miteinander zu kommunizieren und Kompromisse zu finden.
helfen ihm, die Welt um es herum zu verstehen.	ermöglichen deinem Kind, Verantwortung zu übernehmen und seine eigenen Bedürfnisse und Grenzen auszudrücken.
geben ihm Sicherheit.	fördern die Autonomie und stärken das Selbstvertrauen deines Kindes.
stellen sicher, dass dein Kind weiß, was von ihm erwartet wird und was ein sozial akzeptables Verhalten ist.	bedeuten Sicherheit und Verlässlichkeit.
schaffen ein Gefühl von Stabilität und Geborgenheit, was für die emotionale und kognitive Entwicklung deines Kindes sehr wichtig ist.	

Regeln müssen bekannt sein

Regeln sollten bekannt sein. Das klingt im ersten Moment logisch, allerdings setzen wir Erwachsene manchmal ein Regelverständnis bei Kindern voraus, das sie noch gar nicht haben können. Besprecht also in Ruhe und kindgerecht Regeln und Absprachen, die dir wichtig sind, und zwar dann, wenn sie relevant werden. Ihr könnt manche Regeln auch einem Board oder einem Plakat festhalten.

Frag dein Kind, ob es die Regel verstanden hat und ob diese Regel für dein Kind Sinn ergibt. Lass dein Kind ebenfalls Regeln aufstellen und besprecht auch diese: Sind sie umsetzbar? Warum sind sie deinem Kind wichtig? Was könnte dahinterstecken?

Hinterfrage eure Regeln

Es ist außerdem nicht verkehrt, aufgestellte Regeln immer mal wieder zu hinterfragen und neu zu überdenken. Was sinnvoll war, als dein Kind sehr klein war, ist heute vielleicht schon gar nicht mehr relevant. Sind deine Regeln wirklich deine Regeln, also dir wichtig, oder sind es eher allgemeingültige Regeln, die eigentlich gar nicht zu dir und deiner Familie passen? Viele dieser „Das macht man eben so"-Regeln kannst du getrost über Bord werfen.

Natürlich gibt es gesellschaftliche Regeln, die auch eingehalten werden müssen. Familienregeln aber sollten ganz individuell zu der jeweilige Familie passen und sind nicht allgemeingültig. Dein Kind merkt schnell, wie wichtig dir eine Regel ist. Bekommt es mit, dass auch du sie eigentlich nur halbherzig befolgst, weil sie eben da ist, wird auch dein Kind sie nicht wirklich ernst nehmen. Ist dir eine Regel hingegen sehr ernst, dann formuliere das auch klar. Dein Kind wird nun merken, dass es sich um eine Regel handelt, die eine Wertigkeit beinhaltet, und kann ihr besser folgen.

Im besten Falle sind Familienregeln eure Absprachen untereinander. Regeln haben oft den Charakter, von „oben bestimmt" zu sein. Gerade in der Familie sollte dies nicht so sein. Am besten ist es, ihr gestaltet alle Regeln gemeinsam, sodass ihr sie nachvollziehen und gut damit leben könnt. Und es gilt immer: keine Regel ohne Ausnahme.

Rituale

Gastbeitrag von Dr. Olivia Wartha und Dr. Susanne Kobel

Für dieses Thema habe ich mir Unterstützung bei der Medienpädagogin Dr. Olivia Wartha und der Sportwissenschaftlerin Dr. Susanne Kobel geholt.

> *Susanne Kobel und Olivia Wartha sind beide Wissenschaftlerinnen und Mütter. Neben ihrer Arbeit an der Universität Ulm halten sie seit vielen Jahren Fortbildungen und Workshops für Eltern. Ihr Ziel ist es, den Eltern-Kind-Alltag zufriedener, entspannter, liebevoller und bunter zu gestalten. Aus ihrer Feder stammen zahlreiche pädagogische und wissenschaftliche Arbeiten zu den Themen kindliche Gesundheit und Familie und der Elternratgeber „Starke Rituale – starke Familie".*

In der Erziehung von Kindern machen wir vieles wiederholt, regelmäßig und beabsichtigt. Etliches davon ist ein oder wird zu einem Ritual: wie wir uns am Morgen anziehen, wann wir wie frühstücken, wie wir andere Menschen begrüßen usw.

Im Familienalltag gibt es sehr viele bewusste und unbewusste Rituale. Wie weckst du dein Kind und wie bringst du es ins Bett? Wie begrüßt du dein Kind, wenn es aus dem Kindergarten kommt? Wie verbringt ihr einen typischen Sonntag oder den Sommerurlaub? Es gibt ganz viele Abläufe, die immer sehr ähnlich sind. Das alles sind Rituale.

Familienrituale stärken die Bindung und die Beziehung der einzelnen Familienmitglieder untereinander. Rituale können das Familienleben und den Alltag vereinfachen, ihn strukturieren und übersichtlicher gestalten. Rituale können einen festen Rahmen und somit Sicherheit geben, sie können Ruhe ins Chaos bringen und eine gewisse Art von Vorhersehbarkeit schaffen. Rituale schaffen Vorfreude und generieren gemeinsame Erlebnisse.

Innerhalb der Familie sind Rituale also wahre Alleskönner und sehr wichtig für Kinder und Eltern.

Zwei Arten von Ritualen

Rituale innerhalb der Familie können grob in zwei Kategorien eingeteilt werden: in „Erlebnisrituale" und „Anti-Stress-Rituale". Bei den „Erlebnisritualen" schweißen gemeinsame Erlebnisse die Familienmitglieder zusammen, das können kleine, aber auch größere Erlebnisse sein. Hauptsache ist, dass sie regelmäßig (täglich, wöchentlich oder jährlich) in immer ähnlicher Art und Weise stattfinden. Wie zum Beispiel das abendliche Vorlesen oder Kuscheln, der wöchentliche Marktbesuch mit anschließendem gemeinsamen Kochen oder die Wohnzimmerdisco am Wochenende, der monatliche Spaziergang in den Wald oder die sommerlichen Ausflüge an den Baggersee oder ans Meer. Hier entstehen gemeinsame Erinnerungen und die ganze Familie kann sich zusammen vorfreuen.

Bei den „Anti-Stress-Ritualen" werden Alltagssituationen durch wiederkehrende Abläufe und Routinen entstresst und für alle Familienmitglieder angenehmer gestaltet. So werden beispielsweise schon am Abend gemeinsam die Kleidungsstücke für den nächsten Tag rausgelegt oder die Brotbox für den morgigen Kindergartenbesuch vorbereitet. Kleine Ordnungsrituale, jeder räumt z. B. eine Farbe auf oder alle räumen ein Lied lang auf, bevor etwas Neues begonnen wird, lassen Chaos oder Unzufriedenheit gar nicht erst aufkommen.

Maßgeschneiderte Rituale für deine Familie

Es gibt fast unendlich viele Rituale und natürlich passt nicht jedes Rituale zu jeder Familie, denn jede Familie ist einzigartig. Jede Familie hat ihre eigenen Vorlieben, Besonderheiten und Themen, und deshalb ist es wichtig, dass jede Familie sich ihre eigenen Familienrituale sucht, anpasst und beibehält. Hierfür gibt es die „R-I-T-U-A-L-Methode":

- *Unter R darf sich die Familie erst einmal reindenken. Was soll vereinfacht werden? Welche Erlebnisse sollen den Kindern mitgegeben werden? Wo soll es in Zukunft runder laufen?*
- *I steht für Identifizieren: Welches Ritual soll wann und wie umgesetzt werden?*
- *T bedeutet nichts anderes, als es einfach zu tun. Tut es – setzt das Ritual um.*
- *Bei U geht es um die ehrliche Beantwortung der Frage „Und wie war's?“ Was hat es euch als Familie gebracht? Wie habt ihr euch währenddessen und hinterher gefühlt?*
- *A steht für Anpassen, denn damit es ein wirklich passendes Familienritual werden kann, muss, darf und soll es noch etwas angepasst werden. Wie kann das neue Ritual an eure Besonderheiten, Wünsche, Bedürfnisse angepasst werden, damit es noch besser zu eurer Familie passt?*
- *Bei L geht es um die langfristige Beibehaltung. Wie kann das Ritual langfristig Teil des Familienalltags werden? Wann wird es wie durchgeführt, wie erinnert ihr euch daran?*

Mit dieser Methode kann sehr einfach ein passendes zukünftiges Familienritual gefunden, bewertet, individuell angepasst und beibehalten werden.

Werden Rituale im eigenen Eltern-Kind-Alltag integriert, ist das eine feste Größe im Familienalltag. So kann jede Familie bewusst die vielen großartigen Möglichkeiten von Ritualen im Eltern-Kind-Alltag nutzen und das eigene Familienleben nachhaltig vereinfachen und bereichern.

Grenzen wahren und Bedürfnisse erkennen

Damit Kinder sich in einem sicheren Rahmen bewegen können, brauchen sie Grenzen. Manche Grenzen sind einfach da, Kinder stellen also bereits im Alltag häufig fest, dass es Grenzen gibt, die vielleicht auch gar nicht beeinflussbar sind. Ein Eis schmilzt zum Beispiel nach einer gewissen Zeit, kaputtes Glas lässt sich selten reparieren, am Abend geht die Sonne unter, und wenn es regnet, dann regnet es. So logisch sich das für uns anhört, so wichtig und manchmal auch frustrierend sind diese Erfahrungen für dein Kind.

Dann gibt es Grenzen, die du als erwachsene Person setzt. Diese Grenzen bilden ein Gerüst für dein Kind. Das können moralische Grenzen sein, euer Wertekompass, oder physische Grenzen wie die geschlossene Haustüre. Manche Grenzen sind nicht verhandelbar (*„Du ziehst die Katze nicht am Schwanz!"*), bei manchen Grenzen beziehst du dein Kind ein: *„Was macht es dir leichter, das Ende vom Fernsehschauen einzuläuten? Vielleicht hilft dir eine Sanduhr. Wenn sie durch ist, ist die Folge zu Ende und wir machen den Fernseher aus."*

Grenzen

Grenzen helfen deinem Kind, seine eigenen Gefühle wahrzunehmen und zu regulieren. Wenn dein Kind an eine Grenze stößt, wird dies Gefühle wie Wut, Frust oder auch Traurigkeit auslösen. Sie bieten deinem Kind ein großes Lernfeld, mit diesen Gefühlen umzugehen.

Starke Kinder kennen ihre Grenzen und wissen, wie sie diese auch gut schützen können. Dazu braucht dein Kind deine Unterstützung und Begleitung. Das Wichtigste ist die Wahrung und das Respektieren der Grenzen durch die engsten Bezugspersonen. Lernt dein Kind, dass seine eigenen Grenzen gesehen und ernst genommen werden, so verinnerlicht es das und kann darauf vertrauen. Das ist von entscheidender Bedeutung beim Prozess, ein gesundes Selbstwertgefühl und positives Selbstbild aufzubauen. Ein Nein deines Kindes muss immer ernst genommen werden. Es soll wissen: *„Ich bin gut so, wie ich bin, ich bin wichtig, meine Grenzen sind es wert, gesehen und respektiert zu werden."*

Es gibt aber auch Ausnahmesituationen im Alltag, da wirst du die Grenzen deines Kindes nicht einhalten können. Dazu gehören Situationen wie die medizinische Versorgung (Medikamente einnehmen, Fieber messen etc.) und das Wickeln. Kannst du also die Grenze (*„Ich möchte das nicht!"*) nicht wahren, so kannst du dein Kind dennoch respektieren und einbeziehen, indem du ruhig erklärst, warum es trotzdem gemacht werden muss. Findet gemeinsame Lösungen, wie zum Beispiel das Wickeln angenehmer gemacht werden kann. Mehr zum Thema „schützende Gewalt" findest du im Infokasten auf Seite 102.

Dein Kind lernt dabei, dass es auch in solchen Situationen wichtig ist, was es denkt und empfindet, und dass dir daran gelegen ist, einen gemeinsamen Weg zu finden. Für die Selbstbestimmung deines Kindes ist dies äußerst bedeutsam.

GRENZEN ENTDECKEN

Im Alltag gibt es viele Grenzen, die einem nicht immer als solche bewusst sind. Du möchtest, dass dein Kind …

- schläft, obwohl es nicht müde ist.
- isst, weil das Essen fertig ist.
- das Haus verlässt, weil *du* losmusst.
- das Zimmer aufräumt, obwohl es gar keine Notwendigkeit sieht usw.

Nimm diese Beispiele (und finde noch mehr) als kleinen Impuls, im Alltag mehr darauf zu achten, wo die Grenzen deines Kindes und wo deine eigenen sind (*„Mir ist es zu unordentlich"*). Werden sie kommuniziert und respektvoll gewahrt?

Grenzen geben deinem Kind Orientierung. Du bist hier ein großes Vorbild, denn natürlich sind auch deine Grenzen und dein Umgang damit wichtige Bestandteile eures Miteinanders. Wann ist ein neuralgischer Punkt überschritten? Was tut einem anderen weh? Was bedeutet es, wenn Papa *„Stopp!"* sagt oder Mama *„Ich will das nicht!"*? Nur dadurch, dass du auch deine Grenzen (respektvoll und liebevoll) kommunizierst, erfährt dein Kind, was es bedeutet, seine eigenen Grenzen zu vertreten. Du bist auch in dieser Funktion sein Vorbild. Kinder erfahren täglich die natürlichen Grenzen, aber auch die Grenzen anderer Personen. Das ist wichtig und wertvoll und gehört zum Großwerden dazu.

Dazu ist es aber notwendig, zuerst die eigenen Bedürfnisse und Grenzen zu kennen. Das heißt, einen Zugang zu sich und den eigenen Gefühlen zu haben, sie zu reflektieren und anzunehmen.

Kinder brauchen keine perfekte Welt, sie brauchen eine authentische. Du als Elternteil bist Wegbegleiter*in auf Augenhöhe. Dies bedeutet: Du darfst echt sein und Gefühle zeigen, du darfst menschlich sein und musst keine (aufgesetzte) Rolle spielen. Und du darfst Fehler machen und dich dafür bei deinem Kind entschuldigen.

Dein Kind lernt dabei:

- Wir sind alle nur Menschen.
- Wir dürfen alle Fehler machen und müssen nicht perfekt sein.
- Wir können über alles reden und gemeinsam Lösungen finden.
- Alle Gefühle sind wertvoll und wichtig und haben ihre Berechtigung.
- Man kann aus Fehlern lernen.
- Man kann sich entschuldigen und verzeihen.
- Es ist wichtig, auf sich selbst zu achten.

Bitte pass immer auf, dein Kind mit deinen Gefühlen nicht moralisch zu erpressen: Ein Satz wie *„Ich bin traurig, wenn du dies oder jenes nicht machst"*, ist ein absolutes No-Go.

ACHTUNG: DIE DOSIS IST ENTSCHEIDEND

Authentisch sein bedeutet allerdings nicht, dass alle Gefühle mitgeteilt werden müssen. Du allein entscheidest, was du mitteilen und mit deinem Kind teilen möchtest.

Dein Kind selbst muss also erst lernen, seine eigenen Grenzen zu kennen und diese auch zu wahren. Nur so kann es wiederum lernen, die Grenzen anderer zu erkennen und auch diese zu wahren. Das ist ein Prozess.

Wenn dir der Begriff „Grenzen" nicht gefällt, ersetze ihn durch „Orientierungsrahmen", „Halt" oder „Kompass". Das alles steckt nämlich dahinter.

Bedürfnisse

Wir alle haben nicht nur Grenzen, sondern auch Bedürfnisse. Das können grundlegende Bedürfnisse wie die nach Nahrung und Schlaf sein, aber auch emotionale Bedürfnisse wie die nach Liebe, Geborgenheit, Sicherheit, Zugehörigkeit und Autonomie. Sie begleiten uns durch den Alltag und spielen eine große Rolle für unsere Verhaltensweisen, Gefühle und Befindlichkeiten.

In der bedürfnisorientierten Begleitung von Kindern sind alle Bedürfnisse innerhalb eines Systems wichtig – also die deines Kindes und die der anderen Familienmitglieder (bzw. innerhalb der Kita). Die Bedürfnisse deines Kindes stehen also nicht grundsätzlich im Mittelpunkt – das wäre im Familienalltag auch einfach zu kompliziert. Natürlich muss das Bedürfnis nach Nahrung bei einem Säugling sofort befriedigt werden, einer Vierjährigen kannst du aber schon zumuten, kurz zu warten, bis das Essen fertig ist.

Wie bei den Grenzen, muss dein Kind erst lernen, seine eigenen Bedürfnisse wahrzunehmen und zu äußern. Babys fällt das sehr leicht, sie schreien, wenn sie ein Bedürfnis haben. Kleinkinder teilen ihre Bedürfnisse oft noch im Verhalten mit – der berühmte Wutanfall zum Beispiel, hinter dem das Bedürfnis nach Autonomie, Selbstwirksamkeit oder Zuneigung stecken kann. Je älter dein Kind wird, desto sicherer wird es auch darin, seine Bedürfnisse zu erkennen und zu kommunizieren. Auch hier braucht dein Kind aber dich in der Begleitung:

- **Kommunikation.** Kommunizierst du offen und ehrlich mit deinem Kind und hörst ihm auch ernsthaft zu, so ist dies eine gute Basis, um die Bedürfnisse deines Kindes gut wahrzunehmen und zu erkennen. Sprich mit ihm regelmäßig über seine Gefühle, was ihm wichtig ist, welche Ängste es hat, und signalisiere ihm so, dass dir das wichtig ist. Zeige echtes Interesse und nimm dir die Zeit dafür. So kannst du besser verstehen, was dein Kind braucht und wie du es gut begleiten kannst.

- **Beobachtung.** Beobachte dein Kind und achte auch auf nonverbale Signale. Gerade, wenn dein Kind noch sehr klein ist, wird es seine Bedürfnisse eher durch sein Verhalten ausdrücken wie beim bereits beschriebenen Wutanfall. Achte auf Körpersprache, Mimik, Gestik und Verhalten.
- **Empathie.** Versuche, dich in die Welt deines Kindes zu versetzen. Im Kapitel → „Wage den Perspektivwechsel" ab Seite 55 hast du schon einiges dazu gelesen. Perspektivwechsel sind auch für das Erkennen von Bedürfnissen sehr wichtig. Sei nah bei deinem Kind, zeige echtes Mitgefühl und Verständnis – selbst, wenn du eine Situation nicht im Sinne deines Kindes lösen kannst: *„Ich verstehe, dass du jetzt noch gerne weiter auf dem Spielplatz spielen möchtest. Hier ist es ja auch schön und abwechslungsreich. Aber wir müssen trotzdem nach Hause und kochen. Magst du mir dabei helfen? Jetzt kannst du noch zweimal rutschen, dann gehen wir."*
  Empathie stärkt eure Bindung und hilft deinem Kind durch die unterschiedlichen Emotionen, die es im Laufe eines Tages haben wird.
- **Flexibilität.** Jedes Kind ist anders, jedes Kind hat andere Bedürfnisse. Und selbst die Bedürfnisse deines Kindes können sich von Tag zu Tag verändern. Mal braucht es viel Nähe, mal viel Autonomie. Sei mit deinem Kind in Beziehung und achte darauf. So wirst du die Bedürfnisse besser wahrnehmen und dein Kind dabei begleiten können.
- **Vorbildfunktion.** Dein Kind wird von dir lernen, wie du mit deinen Bedürfnissen umgehst und sich das von dir abschauen. Es ist also wichtig, dass auch du deine Bedürfnisse gut kennst, diese äußerst und ernst nimmst. Je nach Bedürfnis und Gesamtsituation überwiegt mal das eine, mal das andere Bedürfnis. Nicht immer können alle Bedürfnisse innerhalb einer Familie gleichzeitig erfüllt werden.

Steht dein Bedürfnis nach Ruhe im Vordergrund, zum Beispiel, weil du Kopfschmerzen hast, teile dieses Bedürfnis deinem Kind mit. Wichtig ist, dass dein Kind das Gefühl vermittelt bekommt, dass seine Bedürfnisse aber gesehen werden. Der Wunsch nach unmittelbarer Befriedigung der Bedürfnisse steht da oft gar nicht im Vordergrund, wohl aber das Wahrnehmen und Anerkennen.

Ein Bedürfnis kann dann auch auf unterschiedliche Weise befriedigt werden. *„Ich weiß, du würdest jetzt gerne mit mir spielen. Ich brauche aber gerade eine Pause. Du kannst dich neben mich setzen* (Bedürfnis nach Nähe gestillt) *und ein Buch anschauen oder kuscheln. Wenn es mir besser geht, spiele ich mir dir ein ruhiges Spiel."*

Dein Kind lernt also:

- Auch andere haben Bedürfnisse, die sie wahrnehmen und äußern.
- Es ist wichtig, diese Bedürfnisse zu respektieren.
- Manchmal sind bestimmte Bedürfnisse höher einzuschätzen als andere (Ruhe bei Krankheit vor Spielen zum Beispiel) bzw. können auf unterschiedliche Weise erfüllt werden.
- Die eigenen Bedürfnisse können zwar nicht immer sofort erfüllt werden, aber sie werden wahr- und ernst genommen.

Kann sich dein Kind auf dich verlassen, dass du seine Bedürfnisse siehst und, wenn es geht, erfüllst, dann kann es auch an anderer Stelle warten und zurückstecken. Es weiß, dass seine Bedürfnisse dir wichtig sind.

Diese Sicherheit trägt euch sowohl durch den routinierten Ablauf als auch durch Phasen, in denen euer Alltag unvorhersehbarer ist.

Für dich selbst sorgen

Ich habe es bereits erwähnt: Du kannst nur gut für andere sorgen und sie auf ihrem Weg begleiten, wenn du gut für dich sorgst. Das geht im Alltag oft unter oder spielt für dich keine große Rolle, denn du (und eventuell dein Partner oder deine Partnerin) bist hauptsächlich dafür verantwortlich, dass euer Familienleben funktioniert. Für dich ist da oft kein Platz mehr. Das ist anstrengend und kräftezehrend. Und falsch! Denn der Alltag deines Kindes und deiner Familie ist auch immer eines: dein Alltag.

Lass Fünfe gerade sein

Es ist also völlig legitim, wenn du dir kleine Anker nimmst, um selbst durchzuatmen. Bei diesen kleinen Ankern ist es auch völlig in Ordnung, mal über die Stränge zu schlagen und/oder (eigene oder von außen vorgegebene) Regeln auszusetzen oder zu verändern. Manchmal geht es nicht anders und dann können diese eigenen Großzügigkeiten nicht nur deinem Kind helfen, sondern auch und vor allem dir. Wie so oft gilt: Die Dosis macht das Gift. Ist es nicht die Regel, passiert deinem Kind bei mehr Medienzeit, mehr Zuckerkonsum und so weiter erst mal gar nichts außer: Entspannung, Kraft, Zeit, ein gutes Gefühl. Erlaubt ist also, was hilft.

Medienkonsum

Es gibt Richtlinien und Untersuchungen darüber, wie viel Medienkonsum für ein Kind im jeweiligen Alter in Ordnung oder schon zu viel ist. Zu Medien gehören auch Bücher und Hörspiele, der Fokus wird aber oft auf die bewegten Bilder gelegt – also Fernseher, Tablet, Handy. Diese Richtlinien geben einen guten Rahmen und ein gutes Grundgerüst, wie viel Medienzeit dein Kind haben sollte. Unter drei Jahren zum Beispiel sollte die Medienzeit sehr gering bleiben. Aber! Es ist nichts in Stein gemeißelt. Nach einem anstrengenden Tag, einer langen Woche, einem Tag, an dem die Toleranz und Kooperation auf beiden Seiten bereits aufgebraucht sind, darf es gerne auch mal etwas mehr sein. Das heißt konkret, auch mal eine Folge mehr (oder auch fünf), eine extra Portion Tabletspielen, ein paar weitere Runden auf dem Handy.

Lass dir bitte nicht einreden, du würdest dein Kind „vor die Glotze abschieben“. Erstens kann es bei kindgerechten Serien und Spielen sehr viel lernen, zweitens tut euch diese Auszeit allen gut. Und das ist in diesen Momenten das Wichtigste. Es ist nicht verwerflich, wenn du in dieser Zeit Dinge tust, die du mit Kind nicht tun kannst. Oder dich mit deinem Kind aufs Sofa setzt und ihr gemeinsam schaut.

Danach kannst du dich wieder allen anderen Aktivitäten mit deinem Kind widmen. Solange dein Kind noch andere Interessen hat (Bücher, Bewegung, Rollenspiel etc.) und ihr auch anders Zeit zusammen verbringt, ist alles im grünen Bereich.

WENN MEDIENZEIT SCHADET

Du kennst dein Kind am besten. Wenn du merkst, dass der Medienkonsum ihm nicht guttut, wirst du die Medienzeit wieder mehr regulieren müssen. Anzeichen sind unter anderem:

- Tablet und Co. werden zur Gewohnheit
- Medienkonsum wird zur Gefühlsregulation genutzt
- Die Konzentration lässt nach
- Dein Kind schläft schlechter

Dein Kind gibt dir hierfür wichtige Signale.

Zuckerkonsum

Das gilt auch für den Zuckerkonsum. Ernährt sich dein Kind grundsätzlich gesund und ausgewogen, so ist es völlig in Ordnung, wenn es an einem Tag auch mal die Extraportion Kekse oder Schokolade gibt. Der Kampf darum schwächt euch beide und lohnt sich oft nicht.

Vermutlich wird dein Kind nicht jeden Tag den gleichen Jieper auf Süßes haben. Und selbst wenn es mal eine Phase gibt, in der Süßes ganz oben auf der Tagesordnung steht, wird es eine neue Phase geben, in der andere Nahrungsmittel überwiegen. (Sollte Ernährung an sich ein Thema sein, solltest du natürlich genauer hinsehen. Aber auch hier spielt die gelegentliche Extraportion Süßes keine große Rolle.) Das Gleiche gilt auch für Fertigprodukte. Klar, frisch kochen ist immer besser. Aber an manchen Tagen darf es eben auch mal schnell gehen, und dann darf es die Suppe aus der Tüte, die Tiefkühlpizza oder ein Ausflug ins Fast-Food-Restaurant sein.

Nimm dir Auszeiten

Oft propagiert, selten möglich: die eigene Auszeit. Gemeint ist damit deine eigene Me-Time, also Zeit nur für dich. Diese ist wichtig, um dich selbst zu erholen, Dinge zu tun, die dir guttun, und einfach mal alles loszulassen. Solche Auszeiten sind auch wichtig, damit du wieder gut für dein Kind und deine Familie sorgen kannst. Findest du die Möglichkeit einer längeren Auszeit, vielleicht ein Wochenende mit Freund*innen ohne Kinder, ist das natürlich super. Ist das nicht möglich, so versuche, im Alltag kleine Auszeiten einzubauen. Das können die bereits beschriebenen Momente sein, wenn dein Kind anders beschäftigt ist (siehe Medienzeit) oder genaue Absprachen mit deinem Partner oder deiner Partnerin, wann du dich aus allem rausziehen kannst. Das gilt dann natürlich für euch beide. So kann eine Auszeit zum Beispiel ein festes Ritual wie eine Stunde Sport sein oder ein Nachmittag oder immer mal wieder 10 Minuten am Tag, an denen du nicht fürs Kind zuständig bist und die du nur für dich hast. Das ist wichtig für die Seele.

Eine Auszeit kann auch sein, Zeit mit deinem Kind zu verbringen, aber nicht aktiv zu interagieren: *„Ich möchte gerade nicht spielen und brauche eine kleine Pause. Ich liege jetzt auf dem Sofa und du kannst neben mir ein Buch anschauen. Anschließend spiele ich mir dir Memory.“*

Suche dir ein Dorf

Du musst nicht alles allein schaffen. Lebst du in einer Partnerschaft, so versucht, die Care-Arbeit, also die Sorgearbeit, so aufzuteilen, wie es für euch beide passt. Das kann an manchen Tagen ein Ungleichgewicht geben, aber grundsätzlich sollte klar sein, dass Care-Arbeit beide betrifft. Erweitere dein Dorf durch Großeltern, Familie, Freund*innen, Nachbar*innen. Nimm Angebote zur Hilfe und Unterstützung an. Fragen kostet nichts. Und keine falsche Rücksichtnahme. Triff nicht schon im Vorhinein aus Rücksicht auf die anderen Entscheidungen, die diese selbst für sich treffen können. Bitte um Hilfe. Frage dich an dieser Stelle nicht, ob es den anderen zu viel wird. Sie werden selbst für sich sprechen können. Das hilft und entlastet an vielen Stellen.

Spanne dir ein gutes Netzwerk. Je älter dein Kind ist, umso mehr kannst du von einem Netzwerk mit anderen Eltern profitieren, denn dein Kind kann so auch mal an einem Nachmittag zu einem Freund oder einer Freundin gehen oder von einem befreundeten Elternteil zum Sport gebracht werden. Je kleiner dein Kind ist, desto schwieriger, aber auch da ist ein gutes Netzwerk wichtig. Ein Teil des Dorfes können auch Alltagshelfer wie Lieferdienste fürs Essen oder Lebensmittel sein. Im Grunde geht es darum, dir deinen Alltag zu erleichtern. Da ist (fast) alles erlaubt. Eine wichtige Voraussetzung dafür ist, dass du weißt, was dir guttut oder dir helfen könnte. Nimm dir ein paar Minuten und schreibe auf, wo du Unterstützung oder Hilfsmittel brauchen könntest, und überlege dann in Ruhe, wie du das lösen und organisieren kannst.

Die eigenen Bedürfnisse zu kennen und diese auch einzufordern, tut nicht nur dir gut, das hat auch Vorbildwirkung für dein Kind. Von dir kann es lernen, Bedürfnisse wahrzunehmen und wie wichtig es ist, für sie einzustehen. Gleichzeitig lernt es, Bedürfnisse und somit auch die Grenzen anderer zu respektieren.

Verteile den Mental Load

Als Mental Load wird die nicht sichtbare, aber dennoch ständig präsente mentale Arbeit bezeichnet, die mit der Organisation und Planung des Familienalltags verbunden ist. Es geht konkret um alle Aufgaben, die erledigt werden müssen und oft im Hintergrund nahezu unsichtbar stattfinden. Dazu zählen Einkäufe und die vorab geschriebene Einkaufsliste, das Planen von Arztbesuchen oder Sportangeboten fürs Kind, Koordination und Beachten von Terminen, Ausmisten von Kinderkleidung und vieles mehr.

Oft übernimmt eine Person diese Aufgaben – bewusst oder weil es sich so ergeben hat. Und diese Aufgaben sind viele und fallen täglich an. Meist ist es so, dass der Partner oder die Partnerin sich um diese Dinge dann gar nicht mehr kümmert, sie sind aus dem Kopf, denn es kümmert sich ja jemand darum. Was dabei tatsächlich alles anfällt, fällt oft erst auf, wenn die entsprechende Person einmal ausfällt.

Statistisch gesehen lastet der Mental Load vor allem auf den Müttern.

Du kannst aktiv dagegensteuern, indem du dir folgende Beispielfragen beantwortest und Aufgaben anschließend anders verteilst:

- Wer ist bei euch hauptsächlich verantwortlich, sich um die familiäre Organisation zu kümmern?
- Kennt der andere Elternteil alle Termine aus der Kita, weiß er die aktuelle Größe eures Kindes und muss nicht an den nächsten Zahnarzttermin erinnert werden?
- Wer ist für den Kauf der nächsten Kleidergröße des Kindes verantwortlich?
- Wer denkt an Geburtstage in der Familie und wer besorgt das Geschenk?
- Wer geht bei euch zu den Elternabenden?

Die Liste der Fragen kann beliebig fortgeführt werden. Erstelle für dich gerne deine eigene Liste und überprüfe sie. Stehst überwiegend du drauf, bist du die- oder derjenige mit dem größeren Mental Load.

Wenn das für dich in Ordnung ist und dein Partner oder deine Partnerin andere Dinge übernimmt und es für euch passt – wunderbar. Dann müsst ihr nichts ändern.

Wenn du aber das Gefühl hast, es bleibt alles an dir hängen, dann suche das Gespräch. Formuliere klar deine Bedürfnisse und Grenzen und bitte um konkrete Vorschläge, wie sich das ändern könnte. Bring nicht schon vorgefertigte Lösungen mit – auch das fällt in den Mental Load. Du bist zwar die- oder derjenige, die oder der etwas ändern möchte, aber es betrifft deine ganze Familie. Und nicht zuletzt kannst du dir überlegen, wie du dein Kind oder deine Kinder mehr in die Pflichten des Haushalts und des Alltags einbeziehen kannst.

Vergiss dabei aber nicht, dass sich mit der Geburt deines Kindes vermutlich bei euch beiden etwas verändert hat. Ein Kind bringt mehr Arbeit, mehr Sorgen, mehr Organisation des Alltags, mehr Fremdbestimmtheit – auf beiden Seiten. Dinge, die früher jede*r für sich erledigt hat, übernimmt nun vielleicht immer nur eine*r von euch beiden, der oder die andere übernimmt dafür vielleicht mehr der neuen „Kinderaufgaben". Schaut genau hin, wertschätzt die Arbeit des anderen, rechnet nicht auf. So wie jeder Mensch unterschiedlich ist, sind auch die Kräfte und Ressourcen jedes Menschen verschieden. Und vielleicht schafft ihr es, statt euch Vorwürfe zu machen, auch die Leistungen des anderen zu sehen, zu schätzen und dies auch gegenseitig zu kommunizieren. Oft klagt ein Elternteil über das Fremdbestimmtsein durch das Kind. Gleichzeitig ist der jeweils andere Part aber genauso fremdbestimmt, nur vielleicht nicht direkt durch das Kind, sondern durch die legitimen neuen Anforderungen des oder der anderen. Verliert euch nicht aus den Augen.

ALLEINERZIEHEND

Bist du alleinerziehend, stellt sich die Frage, wer die Care-Arbeit übernimmt, nicht. Umso wichtiger für dich, dir ein Dorf zu organisieren: die andere Mutter, die dein Kind mitnehmen kann, Familie und Freund*innen, die dich unterstützen, ein Netzwerk. Wichtig ist auch, dass du für dich trotz alleiniger Verantwortung im Alltag deine Auszeiten hast, und zwar ohne schlechtes Gewissen, weil der Wäschekorb noch im Flur steht. Ja, den wirst du vermutlich ausräumen müssen. Aber nicht mehr heute.

Organisiere dich und sei unperfekt

Überlege, welche Situationen im Alltag immer stressig sind, und finde Lösungen, wie du diese Situationen anders gestalten kannst. Ist zum Beispiel der Start in den Tag jeden Morgen anstrengend, finde eine neue Routine. Das kann das frühere Wecken deines Kindes sein (mehr Zeit zum Spielen) oder das spätere Wecken (ausgeschlafenes Kind und mehr Zeit für dich). Verlagere Arbeiten, die in der Früh anfallen, auf den Abend, also richte da schon weitgehend die Brotbox deines Kindes, richte den Frühstückstisch so gut es geht und kläre die Klamottenfrage mit deinem Kind am Vorabend. Bestimmt fallen dir weitere Beispiele und Möglichkeiten ein, einen immer wiederkehrenden Stressfaktor deines Alltags anders zu gestalten.

Und überprüfe, wo du den Fuß vom Gas nehmen kannst. Natürlich ist ein sauberes und aufgeräumtes Zuhause schön und wichtig für dein Kind. Viel wichtiger als der perfekte Haushalt ist aber die Zeit, die dein Kind mit dir verbringen kann, oder die Zeit, die du für dich hast. Daran wird es sich auch später erinnern, nicht an die sofort aufgeräumten Wäschekörbe, und davon profitierst du auf Dauer, nicht von gebügelten Gardinen.

Es wird Tage geben, an denen dein Kind mit einem Fleck auf dem Shirt in die Kita geht. Na und? Es werden weitere Flecken im Laufe des Tages dazu kommen. Viel wichtiger ist, dass dein Kind mit einer Umarmung (oder was für euch wichtig ist) in die Kita geht.

Wenn du es nicht schaffst, die Brotbox für die Kita zu packen, dann stillt auch die unterwegs gekaufte Breze den Hunger deines Kindes. Vielleicht findet dein Kind das besonders cool und darf sich selbst etwas beim Bäcker aussuchen.

Was andere von außen sagen oder beurteilen, sollte dich nicht stressen – alle haben ihre Themen, manche sichtbar, manche nicht. Du musst für dich und dein Kind eine gute Routine finden, nicht für andere. Dein Kind braucht authentische Eltern, die es „groß lieben", keine perfekten Eltern.

Lass dich auch nicht blenden von der schönen Elternwelt in den sozialen Medien. Du siehst immer nur einen kleinen Ausschnitt: Hinter der perfekten Küche kann das Wohnzimmer im absoluten Chaos versinken; du sieht es aber nicht und setzt dich unnötigerweise durch die glänzende Küche unter Druck. Ähnliches gilt für so viele Dinge: der Kindergeburtstag der anderen Familie, der einem Event gleicht, die perfekt hergerichtete Brotdose der Kindergartenfreundin und so weiter. Du bist gut genug und machst das, was zu euch und auch zu dir ganz persönlich passt. Von dieser Echtheit lernt dein Kind mehr als von einem falschen Streben nach mehr Perfektion, die es eh nicht gibt.

SO SEID IHR IM ALLTAG EIN GUTES TEAM

Der wertschätzende und respektvolle Umgang miteinander ist die Basis für ein harmonisches Familienleben. Dazu gehört ein Verständnis für die Bedürfnisse, Sorgen, Ängste und Emotionen aller Familienmitglieder. Sprache und der achtsame Umgang mit Worten sind dabei wichtige Faktoren. Genauso wie der persönliche Freiraum und Rückzugsmöglichkeiten für alle, um gut und gestärkt durch den Familienalltag zu kommen. Das Verständnis füreinander ist hier ein wichtiger Schlüssel.

Dein Alltag wird vermutlich von zwei unterschiedliche Rhythmen geprägt: einem strukturierten und einem spontanen Teil. An manchen Tagen hast du viel Spielraum, spontan Dinge zu unternehmen, an manchen kaum. Dein Kind muss sich vielen Abläufen anpassen und gleichzeitig passt sich auch dein Alltag dem deines Kindes an. Je älter dein Kind, desto mehr feste Termine stehen in eurem Kalender – Sporttermine, Spielverabredungen und so weiter.

Strukturiert euren Tagesablauf

Dein Kind kann dabei leichter kooperieren, wenn es weiß, was auf es zukommt. Ist dein Kind noch sehr klein, ist das alles noch sehr abstrakt, aber auch Kleinkinder spüren Routinen und Abweichungen davon. Wie strukturiert euer Tag sein muss, kannst nur du wissen. Vermutlich weicht die Struktur auch innerhalb der Woche ab, das Wochenende wird anders verlaufen als die Wochentage. Das ist auch völlig in Ordnung. Kinder brauchen aber eine gewisse Struktur, um sich orientieren zu können.

WOCHENPLAN

Eine gute Möglichkeit, Routinen zu veranschaulichen, sind Wochenplaner für Kinder. Du kannst sie selbst gestalten, aber auch fertig kaufen. Am besten nimmst du Magnete mit den unterschiedlichen Routinen und Abläufen und hängst sie unter den jeweiligen Tag. Zum Beispiel: Mama Arbeit, Papa Arbeit, Kita, Spielplatz, Freund*innen besuchen, Turnen, Schwimmen, Garten, Oma und Opa besuchen, Basteln, Arztbesuch, Einkaufen usw., aber auch Kleinteiliges wie Zähneputzen. Dein Kind sieht so auf einen Blick, was in der Woche ansteht und wann Wochenende ist. Der aktuelle Tag wird immer gesondert markiert. Du kannst diesen Plan mit deinem Kind gemeinsam gestalten und es neue Aktivitäten selbst anpinnen lassen oder gemeinsam mit ihm Magnete entfernen, wenn etwas ausfällt. So bekommt dein Kind ein Gefühl für die Aktivitäten während der Woche und fühlt sich integriert. Sein Tagesablauf ist optisch sichtbar. Das vermittelt nicht nur das gute Gefühl, involviert zu sein, sondern gibt deinem Kind auch viel Sicherheit.

Auch dir selbst gibt diese Art der Visualisierung einen Überblick, zeigt dir, wo und wie du dein Kind mitnimmst, aber auch, wann und wie oft du gegebenenfalls die Tagesplanung umwerfen musstest. Ein solcher Plan hilft auch dir zu schauen, ob die Menge der Aktivitäten auf eurem Tagesplan für dein Kind angemessen oder zu viel war.

Zusätzlich zur Visualisierung ist es wichtig, gemeinsam über den Tag zu sprechen. Erzähle deinem Kind, was heute alles passieren wird. Dein Kind kann sich so darauf einstellen und hat zumindest schon mal gehört, was noch alles ansteht. Du kannst dein Kind gerne fragen, worauf es denn nach der Kita (oder am Wochenende) Lust hat. Tut sich dein Kind noch schwer damit, Vorschläge zu machen, kannst du die Auswahl etwas eingrenzen: *„Möchtest du heute nach der Kita lieber im Garten oder auf dem Spielplatz spielen?“*

Und dann gibt es natürlich auch Tage, an denen ihr euch einfach treiben lassen könnt, nichts ansteht und ihr das macht, wonach dir und deinem Kind ist. Die sind in der Regel am tollsten und schaffen die schönsten Erinnerungen.

Um den Tag gut abzuschließen, kannst du ihn gemeinsam mit deinem Kind auch noch mal Revue passieren lassen. Was war gut an eurem Tag? Was hat besonders viel Spaß gemacht? Was war schön, was war nicht schön? So hilfst du deinem Kind, den Tag gut abzuschließen, und gibst ihm die Möglichkeit, noch mal über bestimmte Situationen nachzudenken und mit dir gemeinsam zu reflektieren oder Dinge überhaupt zu erzählen. Das hilft deinem Kind, die eigenen Gefühle zu sortieren und einzuordnen, und gibt ihm auch das Gefühl, wichtig zu sein, wenn du ehrlich interessiert bist, wie sein Tag war.

Kooperiert miteinander

Unser Zusammenleben ist geprägt von gegenseitiger Kooperation. Der Familientherapeut Jesper Juul sagte in vielen Interviews: *„Kinder wollen kooperieren.“* Sie wollen uns Erwachsenen gefallen und dazu beitragen, dass wir ein Team sind.

So viel zur Theorie. Im Alltag sieht das auf den ersten Blick meist anders aus, und du hast oft das Gefühl, dass dein Kind alles andere macht, nur eines nicht: mit dir und der Situation zu kooperieren.

Ich möchte mir dir genauer hinsehen, was für die Kooperationsbereitschaft deines Kindes wichtig ist und warum sie auch mal aufgebraucht sein kann.

Sehen und gesehen werden

Wenn dein Kind von sich aus mit dir kooperieren möchte, braucht es dennoch die Möglichkeit und den Raum dafür. Du selbst bist hier wie in so vielen Dingen ein wichtiges Vorbild. Sei dir bewusst, wie oft du mit deinem Kind kooperierst, denn von dir lernt es, wie eine Kooperation aussehen und sich anfühlen kann.

Eine typische Situation, in der Kooperation notwendig ist, kennst du sicher: Du möchtest nach Hause gehen, dein Kind aber noch weiterspielen. Erlaubt es die Zeit, könnt ihr einen Kompromiss finden: Ihr geht noch nicht sofort, sondern vereinbart eine Zeit, in der dein Kind noch etwas spielen kann, und dann erst geht ihr verbindlich nach Hause. In diesem Beispiel kooperiert ihr beide – du mit deinem Kind, indem du es noch weiterspielen lässt, und dein Kind mit dir, indem ihr dann zum vereinbarten Zeitpunkt nach Hause geht.

Je öfter dein Kind erlebt, dass auf seine Bedürfnisse und Wünsche eingegangen wird, umso mehr wird es auf Dauer bereit sein, auch mit dir zu kooperieren.

Im Alltag geben wir Erwachsene den Kindern sehr viel vor. Oft gar nicht selbstbestimmt, sondern weil die Rahmenbedingungen mit Job und Kita es so fordern. Nicht immer kannst du auf die individuellen Bedürfnisse deines Kindes Rücksicht nehmen, aber du kannst sie sehen und thematisieren und dein Kind so ernst nehmen: *„Ich kann verstehen, dass du heute lieber zu Hause bleiben und weiter mit deiner neuen Kugelbahn spielen möchtest. Ich muss aber zur Arbeit und kann nicht mit dir daheimbleiben. Nach der Kita spiele ich mit dir gemeinsam mit der Bahn.“*

ACHTUNG: BLEIB VERBINDLICH

Dein Kind verlässt sich auf dein Versprechen und freut sich vielleicht den ganzen Tag auf diese gemeinsame Aktivität mit dir. Wenn du es nicht einhalten kannst, dann teile das deinem Kind ehrlich mit – dein Kind wird vielleicht enttäuscht sein, aber es merkt, dass du daran gedacht und dein Versprechen nicht vergessen hast. Weniger wertschätzend wäre, wenn du es von vornherein nicht ernst nimmst, beziehungsweise darauf baust, dass dein Kind eure Abmachung bis zum Nachmittag eh schon wieder vergessen hat. Das kann natürlich passieren, sollte von dir aber nicht einkalkuliert werden. Dein Kind braucht deine verlässlichen Aussagen für seine Sicherheit.

Wenn wir aber ehrlich sind, gibt es viele Situationen im Alltag, in denen wir auf die Bedürfnisse und Wünsche unserer Kinder eingehen können – ohne, dass es uns wirklich den Alltag so durcheinanderbringt, dass er nicht mehr zu bewerkstelligen wäre.

Was passiert denn tatsächlich, wenn ihr noch eine Weile auf dem Spielplatz bleibt? Ist wirklich keine Zeit, den Bagger auf dem Nachhauseweg der Kita zu bestaunen? Wie schlimm ist es, wenn du 15 Minuten später mit Kochen beginnst oder ihr etwas anderes, Schnelleres zubereitet?

Ist es also möglich, auf dein Kind einzugehen, spricht nichts dagegen. Warum auch? Sprüche wie *„Dein Kind tanzt dir dann aber auf der Nase herum!“*, kannst du getrost ignorieren. Dein Kind lernt, dass es wichtig ist und gesehen wird, und ist durch diese Sicherheit viel mehr in der Lage, mit dir zu kooperieren. Und das tut es, Tag für Tag:

Dein Kind kooperiert im Alltag mehr, als du denkst

Lassen wir zusammen einen Tag Revue passieren. Ihr steht auf, macht euch fertig, frühstückt, geht los zur Kita und zum Job. Dieser Tagesablauf ist meist durch äußere Strukturen vorgegeben und wenig variabel. Dein Kind hat somit kaum eine andere Wahl, als mit dir zu kooperieren und mitzumachen. Richtig?

Es steigt ohne Murren in den Autositz, lässt sich anschnallen und zur Kita bringen, obwohl es nicht seine eigene Entscheidung war, jetzt so den Tag zu beginnen. All das sind bereits viele Kooperationen deines Kindes.

Selbst wenn dein Kind am Morgen noch nicht so kooperationsbereit ist und dieser Start nicht so entspannt abläuft, wird es im Laufe des Tages viele Situationen geben, in denen dein Kind kooperiert. In der Kita, beim Essen, auf dem Nachhauseweg usw.

Nicht selten erwarten wir das sogar von unserem Kind, und es fällt uns deshalb gar nicht auf, in wie vielen Situationen unsere Kinder einfach mitmachen, obwohl sie das weder selbst entschieden noch immer Lust darauf haben. Wenn du darüber nachdenkst und deinen eigenen persönlichen Tag mit deinem Kind Schritt für Schritt bewusst betrachtest, werden dir sicherlich viele Momente auffallen, in denen dein Kind kooperiert.

Es ist also nur fair, wenn auch wir mit unserem Kind kooperieren, und zwar bewusst und achtsam. Gibt es Momente am Tag, in denen ihr ein Team sein müsst und die schwierig sind, überlegt zusammen, was euch dabei helfen kann. Manchmal reichen 10 Minuten früheres Wecken zum Beispiel schon aus, um die Zeit zu gewinnen, die dein Kind gerne hätte, um den Blumen im Garten „Guten Morgen“ zu sagen.

Gleichermaßen wichtig ist auch, den Kooperationswillen deines Kindes zu würdigen: *„Ich habe gesehen, dass du schon ganz schön müde warst nach der Kita, danke, dass du mich trotzdem noch beim Einkaufen begleitet hast." „Du warst echt müde, oder? Gut, dass du den Einkauf mit mir trotzdem noch geschafft hast, das war sicher anstrengend für dich."*

Kooperation ist immer freiwillig

Agiert dein Kind nicht freiwillig, sondern weil es muss, so nennt man das nicht Kooperation, sondern „Gehorsam". Es macht mit, weil es sonst Strafen oder Sanktionen befürchtet und mit unterschiedlichen Druckmitteln dazu gezwungen wird. Das hört sich nicht schön an und ist es auch nicht. Es gibt andere Wege, mit deinem Kind umzugehen, auch wenn die Kooperationsbereitschaft nicht vorhanden ist.

Schöner ist es, wenn dein Kind trotz mangelnder Kooperationsbereitschaft mit dir in Beziehung bleiben kann, weil du das Bedürfnis dahinter erkennst. Es ist wichtig, dass du ohne Androhung von Gewalt in Verbindung mit deinem Kind bleibst und trotzdem eine klare Haltung zeigst.

Mit Sicherheit wird es Situationen geben, in denen dein Kind Dinge tun muss, auf die es keine Lust hat. Vom Spielplatz gehen, Zähne putzen oder das Tablet ausmachen. Das kannst du begleiten: *„Ich verstehe deine Enttäuschung. Die Serie ist jetzt aber aus und wir schauen keine neue mehr an. Morgen darfst du wieder schauen. Wir können auf dem Sofa kuscheln und überlegen, wie es weitergehen könnte."*

Dein Kind darf wütend auf dich sein. Es darf Dinge widerwillig machen, weil es eigentlich lieber andere Dinge tun würde. Es darf auch enttäuscht, traurig, frustriert sein. Es sollte aber in diesen Gefühlen trotzdem gesehen werden.

Klare Ansagen

Ist dir etwas sehr wichtig oder lassen die Zeit oder andere Umstände dir keine Wahl und dein Kind muss kooperieren, dann sei klar in deinen Ansagen. Teile deinem Kind mit, warum es dir so wichtig ist, und stelle keine Fragen: *„Möchtest du jetzt bitte mitkommen?"* lässt die Möglichkeit für ein „Nein" offen. Diese Wahl hat dein Kind aber gar nicht, und ein Konflikt ist dann vorprogrammiert. *„Wir gehen jetzt!"* ist stattdessen ist eine klare Ansage und keine Bitte.

Gerade in Situationen, in denen dein Kind müde ist oder gerne etwas anderes tun möchte, braucht es von dir eine konsequente Haltung und die Orientierung, was es jetzt tun soll.

Hilft alles nichts und du musst los, kann es passieren, dass du dein Kind auch gegen seinen Willen aus einer Situation mitnehmen musst. Begleite das verbal und signalisiere trotzdem Nähe und Verständnis für die Gefühle deines Kindes.

Du hast bereits gelesen, dass dein Kind Zeit und Raum braucht, um zu kooperieren. Probiere es mal aus – oft sind es wirklich nur noch die paar Minuten, um fertig spielen zu können, und dein Kind kooperiert und kommt mit dir mit. Oder es räumt auf. Und manchmal ist der Kooperationswille da, aber dein Kind kooperiert nicht sofort – es möchte „sein Gesicht wahren", um so auch seine Autonomie und Selbstständigkeit zu unterstreichen. Wenn wir ehrlich sind, lassen wir auch nicht immer alles sofort stehen und liegen, wenn jemand etwas von uns möchte, sondern bringen etwas anderes erst zu Ende oder suchen uns den Moment, in dem wir eine Aufgabe lieber erledigen. Das sollten wir auch unseren Kindern zugestehen oder zumindest Verständnis dafür aufbringen.

Auch hier hilft es, Vorbild zu sein. Auch du darfst deinem Kind sagen: *„Moment, ich möchte das jetzt kurz zu Ende bringen und dann höre ich dir zu"*, oder *„Ich habe im Moment keine Lust oder Energie, dieses*

Spiel mit dir zu spielen.“ So wie dein Kind sagen darf: *„Gleich, ich möchte kurz fertig spielen, dann komme ich.“* Dein Verhalten im Sinne deiner Grenzen und Bedürfnisse ist für dein Kind genauso wichtig und ein Vorbild. Es lernt zu warten und deine Bedürfnisse zu respektieren, so wie es durch dein Kooperieren lernt, dass auch seine eigenen Bedürfnisse und Grenzen wichtig sind.

SCHÜTZENDE GEWALT

Es wird Situationen geben, da kannst du nicht auf die Kooperation deines Kindes warten und musst handeln, vielleicht sogar übergriffig und grenzüberschreitend, zum Beispiel, wenn Gefahr in Verzug ist. Diese Situationen kannst du dann im Nachhinein mit deinem Kind besprechen und begleiten. Hier steht natürlich die körperliche Unversehrtheit deines Kindes (oder anderer Personen/Tiere) im Vordergrund und rechtfertigt eine Machtausübung. Zum Beispiel, wenn dein Kind einfach auf die Straße rennt und du es zurückziehst. Man nennt das auch „schützende Gewalt". Wichtig ist, dass du die Situation im Nachgang für dein Kind (und auch dich) einordnest.

Dein Kind darf also auch mal keine Lust haben, mit dir zu kooperieren, auch in weniger dramatischen Situationen, in denen du nicht sofort handeln musst. Du wirst ebenfalls mal keine Lust haben (das Puzzle zum sechsten Mal zu spielen, zum Beispiel). Allein dieses Verständnis füreinander entspannt den Umgang im Alltag sehr.

Wenn dein Kind nicht kooperieren möchte

Das ist okay. Je mehr du dein Kind zwingst, zu kooperieren, desto mehr sinkt sein intrinsischer, also aus ihm selbst kommender, Kooperationswille. Hier gilt es dann Lösungen zu finden, mit denen ihr beide gut klarkommen könnt. Das ist nicht immer so einfach.

- **Hinterfrage zuerst, ob dein Kind gerade nicht möchte oder nicht (mehr) kann.** Das ist ein wichtiger Unterschied.

- **Zeige Verständnis.** Vielleicht hast du in der frühkindlichen Prägung, also in der Zeit, in der dein Kind noch sehr klein war und sich noch nicht so gut ausdrücken konnte, den Kooperationswillen nicht als solchen erkannt oder es war zu anstrengend, darauf einzugehen. Ein Kleinkind, das gerne im Haushalt „helfen" möchte, macht oft mehr Arbeit, als es tatsächlich hilft. Unterbindest du das aber, kann es durchaus passieren, dass dein Kind nicht mehr gerne im Haushalt helfen möchte, wenn es in deinen Augen alt genug ist und nun helfen soll. Hier kannst du mit gutem Vorbild vorangehen und die Hausarbeit so interessant wie möglich machen (siehe das Kapitel → „Gemeinsam aufräumen" ab Seite 146).
- **Erkenne die Autonomie deines Kindes an.** Vermeide Zwänge, die nicht nötig sind – bei der Wahl der Kleidung zum Beispiel. Möchte dein Kind lieber Hosen statt Röcke, dann ist es seine Entscheidung. Geht es ohne Jacke raus, okay. Nimm gerne eine Jacke für den Notfall mit, aber lass dein Kind entscheiden (es sei denn, wir sprechen von Minusgraden und das körperliche Wohl deines Kindes steht auf dem Spiel).
- **Kämpfe keine Kämpfe, die nicht nötig sind.** Spare deine Kraft für wichtige Dinge auf. Viele Situationen lassen sich auch ohne Kampf mit deinem Kind lösen. Die 10 Minuten mehr Medienzeit, die Wahl der Kleidung und so weiter können oft helfen, das Miteinander entspannter zu gestalten. Die Angst, dass dein Kind dir dann „auf der Nase herumtanzt", ist unbegründet. Hat es „seinen Willen durchgesetzt"? Das sieht vielleicht für Außenstehende so aus. Andersherum hättest du dich durchgesetzt, nur zu welchem Preis? 10 Minuten länger eine Serie schauen ist entspannter für alle als 10 Minuten Kampf und Wut. Wie wichtig ist dir also eine bestimmte Sache und wie wichtig ist es dir, dass dein Kind an der Stelle genau das jetzt in diesem Moment umsetzt? Kommst du deinem Kind entgegen, lernt es, gesehen und in seinen Wünschen respektiert zu werden. Es kann viel leichter mit dir kooperieren, wenn es selbst diese Erfahrungen machen durfte. Kämpfe stören das Miteinander und die Beziehung. Führe sie also

nur, wenn du der Meinung bist, dass sie absolut nötig sind. Für alle anderen Situationen bieten sich wertschätzende Gespräche, Verständnis und Einfühlen in dein Kind sowie Kompromissbereitschaft auch von deiner Seite an.

- **Ist dir etwas sehr wichtig, kommuniziere das klar.** Das hilft deinem Kind zu erkennen, dass hier eine Entscheidung getroffen wurde, die nicht verhandelbar ist.

Oft steckt auch hinter einem *„Ich möchte nicht!“* eigentlich, dass die Kooperationsbereitschaft bereits aufgebraucht ist.

Wenn die Kooperationsbereitschaft aufgebraucht ist

Stell dir ein volles Glas mit Murmeln vor. Jedes Mal, wenn dein Kind kooperiert, nimm gedanklich eine Murmel heraus. Also anziehen, Zähne putzen, ins Auto steigen – zack, sind schon mal drei Murmeln aus dem Glas draußen. So geht es weiter bis zum Nachmittag. Je nachdem, wie anstrengend der Tag war – also je nachdem, wie viele Murmeln aus dem Glas genommen wurden –, ist noch mehr oder weniger Kooperationsbereitschaft vorhanden.

Wenn nur noch wenige oder keine Murmeln im Glas sind, ist das Glas schlichtweg nicht mehr gut gefüllt und es wird für dein Kind immer schwieriger zu kooperieren.

Einkaufen nach der Kita ist hier ein typisches Beispiel. Du möchtest nur „noch schnell“ in den Supermarkt. Dein Kind muss unglaublich mit dir kooperieren: Supermarkt statt Spielplatz, im Wagen sitzen bleiben oder neben dir laufen, nicht herumrennen, die Waren in den Regalen stehen lassen, nicht quengeln, weil es etwas gerne hätte, anstehen in der Schlange, warten, bis du bezahlt hast, an der Hand über den Parkplatz gehen, warten, bis du die Einkäufe in den Kofferraum verstaut hast, den Wagen zurückbringen, anschnallen lassen. Und das, obwohl dein Kind müde von der Kita ist, lieber spielen will oder einfach nur exklusive Zeit mit dir möchte.

Hast du mitgezählt, wie viele Murmeln aus dem Glas genommen wurden? Das waren ganz schön viele. Vielleicht war das Glas auch schon leer, weil der Tag in der Kita herausfordernd war, oder es wurde während des Einkaufes geleert.

Dein Kind kann schlichtweg nicht mehr kooperieren. Das Ergebnis sieht oft gleich aus: Wutanfälle, Weinen, Wegrennen.

Wie du Einkaufen mit deinem Kind gut gestalten kannst, kannst du im Kapitel → „Gemeinsam einkaufen“ ab Seite 129 nachlesen. Das geht aber natürlich nur, wenn die Kooperationsbereitschaft, also das Murmelglas, gut gefüllt ist.

Was kannst du tun, wenn es leer ist? Du kannst Rücksicht darauf nehmen und auf das Einkaufen mit deinem Kind nach einem langen Kita-Tag verzichten. Geht das nicht, fülle das Glas vorher wieder auf – vielleicht geht ihr vorher auf den Spielplatz, kuschelt ausgiebig oder unterhaltet euch. Ist das alles nicht möglich, weil du unter Zeitdruck stehst, hast du nun aber eine Erklärung für das Verhalten deines Kindes und kannst entsprechend verständnisvoll darauf reagieren.

Löst Konflikte klug

Es bleibt nicht aus – egal wie liebevoll und zugewandt du dein Kind begleitest, egal wie hoch seine Kooperationsfähigkeit ist: Es gibt Momente, da streitet ihr. Natürlich ist dir ein harmonisches Miteinander lieber, aber das wird nicht immer gehen. Dein Kind und du, ihr seid eigenständige Persönlichkeiten, und manchmal prallen eben Interessen aufeinander. Und das ist gut so! Nur so lernt dein Kind mit Konflikten umzugehen und kann von dir „richtig streiten“ lernen. Du kannst dein Kind also nicht davor bewahren und sollst das auch gar nicht tun. Begleite es stattdessen gut und lebe ihm eine gesunde Streitkultur vor.

Wie streitest du richtig mit deinem Kind?

So, wie du auch mit erwachsenen Personen streiten solltest!

RICHTIG STREITEN

Richtig streiten bedeutet, einen Konflikt
- auf Augenhöhe,
- nicht verletzend,
- sachlich,
- wertschätzend und
- fair

zu lösen.

Das ist nicht immer einfach, da bei einem Streit oder einer Auseinandersetzung immer Emotionen eine Rolle spielen. Du als erwachsene Person hast die Möglichkeit, deine Gefühle zu regulieren. Dein Kind hat diese Bewältigungsstrategie aber noch nicht. Es liegt also an dir und an deiner Vorbildfunktion, wie ein Streit bei euch abläuft (bzw. in Zukunft ablaufen kann). Das Alter deines Kindes spielt dabei eine große Rolle. Mit einer Dreijährigen wirst du anders in den Austausch gehen als mit einem Sechsjährigen und später mit deinem Kind in der Pubertät.

- **Frage dein Kind.** Welche Vorschläge hat dein Kind, um eine Situation einfacher zu machen? Was sind seine Gedanken zum Konflikt?
- **Höre deinem Kind zu.** Nimm ernst, was es sagt. Lass es ausreden. Versuche dich außerdem in dein Kind hineinzuversetzen und zu verstehen, warum es so gehandelt hat und wie es zum Auslöser des Konfliktes gekommen ist. Welche Bedürfnisse standen dahinter? Hilf deinem Kind, seinen eigenen Konflikt zu erkennen, und findet gemeinsam Wege, damit umzugehen, sodass er beim nächsten Mal nicht wieder zu einer Streitsituation führt.

- **Bleibe bei dir und sprich in Ich-Botschaften.** Statt „*Du bist immer so und so!*“, sag lieber „*Mich verletzt es, wenn du dies oder das machst.*“ Vermeide den persönlichen Angriff und bleibe sachlich. Teile mit, was *du* möchtest und vermeide das Wort *man*. Statt „*Man macht das so nicht*“, sage lieber „*Ich möchte das nicht.*“ Verzichte auch auf pauschale Aussagen wie immer oder nie. Bleibe beim konkreten Thema.
- **Gib allen Beteiligten Raum für Gefühle** – nimm dir eine (angekündigte) Auszeit, wenn du für dich erst mal zur Ruhe kommen musst. Gestehe das auch deinem Kind zu.
- **Findet gemeinsam Lösungen und Strategien.** Das gilt sowohl für den Konflikt als auch für eure Streitkultur. Besprecht gemeinsame Regeln und visualisiert sie, wenn euch das hilft (Bilder für „ausreden lassen“ und „zuhören“ an der Pinnwand zum Beispiel). Identifiziert Abläufe oder was auch immer zum Streit geführt hat und findet Alternativen. Überlegt gemeinsam, was euch in Zukunft helfen kann, mit euren Gefühlen besser umzugehen. Seid ehrlich zueinander und bleibt respektvoll.

BEDÜRFNISSE IM BLICK HABEN

Oft steckt ein Bedürfnis oder eine nicht erfüllte Erwartungshaltung hinter einem Streit. Kennst du die genaue Ursache, kannst du entsprechend reagieren und vielleicht sogar verhindern, dass es überhaupt zu einem Streit kommt. Wenn dein Kind nicht mehr weiterlaufen möchte und ihr auf offener Straße miteinander zu diskutieren beginnt, kannst du dich fragen, ob dein Kind nicht einfach zu müde zum Laufen ist, und es nach Hause tragen. Das heißt nicht, dass du alle Konflikte von deinem Kind fernhalten sollst, denn wie du anfangs gelesen hast, ist eine Auseinandersetzung mit unterschiedlichen Positionen auch ein wichtiges Lernfeld für dein Kind. Nur manchmal muss es dazu einfach nicht kommen, und das entspannt euch im Alltag sehr. Begleite ohne Strafen.

Wie vermeidest du Strafen?

Du hast jetzt schon viel dazu gelesen, wie wichtig es ist, deinem Kind auf Augenhöhe zu begegnen und es in deinem Alltag mitzunehmen. Über die Streitkultur haben wir ebenfalls gesprochen und auch darüber, was wichtig im Umgang mit Konflikten ist.

Aber was machst du, wenn dein Kind im Alltag Dinge tut, die du unterbinden möchtest? Wenn es einfach nicht hört und dir als letzter Ausweg nur eines einfällt: Strafen. Warum tust du das? Richtig: Weil du es selbst nicht anderes gelernt hast und du irgendwo im Hinterkopf hast, dass dein Kind die Konsequenzen aus seinem Handeln lernen muss. Manchmal ist es auch viel banaler: Du möchtest einfach, dass es mit einer bestimmten Sache aufhört und weißt dir nicht anders zu helfen.

Eine Strafe ist dann schnell ausgesprochen. Sie wirkt ja auch oft. Dein Kind verändert sein Verhalten, hört mit etwas auf, was es nicht tun soll, oder fängt unter Androhung einer Strafe erst gar nicht damit an.

Und jetzt sind wir beim Thema. Du möchtest dein Kind achtsam und wertschätzend im Alltag begleiten, gleichzeitig arbeitest du mit Drohungen – das passt nicht zusammen. Du möchtest ja, dass dein Kind ein Verhalten ändert, weil es verstanden hat, warum es das tun soll, und nicht, weil es Angst vor einer Strafe oder im schlimmsten Fall vor dir hat.

Bei der Bestrafung deines Kindes sitzt du immer am längeren Hebel. Deutlicher als hier lässt sich das Machtgefälle zwischen Erwachsenen und Kindern kaum darstellen. Im Alltag wird es immer wieder zu Situationen kommen, in denen du eine gewaltfreie Alternative brauchst.

Wie kannst du es also anders machen und auf Strafen und somit auch auf Drohungen verzichten? Das hilft dir dabei:

Kommunikation

Statt autoritäre Anweisungen zu geben, kannst du mit deinem Kind in einem respektvollen und wertschätzenden Ton sprechen:

- Erkläre ihm, warum du ein bestimmtes Verhalten nicht gut findest *(„Mir ist es gerade zu laut.")*
- oder was es auslösen kann *(„Wenn du mit dem Ball ständig auf die Vase zielst, kann sie kaputt gehen.")*.
- Biete Alternativen *(„Draußen kannst du spielen.")*
- oder Hilfe an *(„Ich helfe dir dabei, das Glas zu öffnen, es ist wirklich sehr glitschig.")*.

Konsequenzen vs. Strafen

Konsequenzen sind auch Strafen, nur anders verpackt? Nein. Strafen basieren auf Willkür. Wenn du deinem Kind die abendliche Serie verbietest, weil es am Nachmittag etwas kaputt gemacht oder nicht auf dich gehört hat, ist das eine Strafe. Die Serie steht in keinem Zusammenhang mit dem Vorkommnis am Nachmittag. Du hast willkürlich eine Strafe gewählt, von der du weißt, dass sie dein Kind trifft.

Wenn du nicht mehr auf den Spielplatz gehen kannst, weil dein Kind trotz Hinweis in die Pfütze gesprungen und nun komplett nass ist, dann ist das eine daraus resultierende Konsequenz. Eine Konsequenz wäre auch, wenn du deinem Kind ruhig erklärst, warum es jetzt nicht mehr mit dem Wasserspielzeug spielen kann: *„Schau, du spritzt unsere Gäste nass, das möchten sie nicht. Es fällt dir gerade schwer, damit aufzuhören, weil du es lustig findest. Das kann ich verstehen, aber es geht trotzdem nicht. Du kannst mit dem Wasserschlauch ins Gras spritzen. Ich möchte nicht, dass unsere Gäste nass werden."*

Hilft deine Erklärung gar nicht und fällt es deinem Kind zu schwer, sich danach zu richten, dann musst du handeln. *„Ich merke, es ist gerade schwer für dich, damit aufzuhören. Deshalb werde ich jetzt das Wasser ausstellen. Wir versuchen es später noch mal, vielleicht fällt es dir dann leichter."*

Sätze wie: *„Wenn du nicht sofort damit aufhörst, nehme ich dir dieses Spielzeug weg!"*, klingen bedrohlich und nach Bestrafung. Die Botschaft wäre: „Du hast nicht gehört, dann sollst du auch keinen Spaß mehr daran haben."

Das Ergebnis mag bei beiden Wegen das gleiche sein – dein Kind kann nicht mehr mit diesem Spielzeug spielen. Die Begleitung aber ist eine andere. Das Kind wurde ernst genommen, du hast Verständnis gezeigt und erklärt, warum es nicht mehr damit spielen kann. Dein Kind ist vielleicht trotzdem traurig oder auch wütend, aber für eure Beziehung hat deine Kommunikation einen sehr großen Unterschied gemacht. Dein Kind hat gelernt, dass ein Verhalten sehr oft etwas auslöst oder eine Konsequenz nach sich zieht. Es hat außerdem gelernt, dass es auch etwas falsch machen darf, ohne dass eine wichtige Bezugsperson böse wird oder es (durch Strafe) herabwürdigt.

Je nach Situation könnt ihr auch gemeinsam überlegen, was helfen könnte, um die Situation zu verändern: *„Was könnte dir gerade dabei helfen, nicht mehr auf die Gäste zu spritzen? Hast du eine Idee? Wäre es zum Beispiel auch lustig, wenn ich dir ins Gras Kegel mit Gesichtern aufstelle, die du dann nass spritzen kannst?"*

Dein Kind kann aktiv mithelfen, Lösungen zu finden. Du musst ihm nur die Möglichkeit dazu geben.

Verständnis

Dein Kind lernt gerade so viele Emotionen kennen und muss irgendwie damit umgehen. Nur verständlich, dass es noch nicht immer sofort eine Strategie parat hat, sich selbst zu regulieren und mit seinen Gefühlen klarzukommen. Es ist noch nicht in der Lage, Konflikte selbstständig und angemessen zu lösen und baut die sozialen Fähigkeiten erst auf. Es braucht dich und deine Begleitung sowie deinen moralischen Kompass. Durch Strafen lernt es nur eines: Der Stärkere hat mehr Macht. Es verändert sein Verhalten, weil es Angst vor

Sanktionen hat, nicht aber, weil es wirklich verstanden hat, worum es geht. Mit seinen Emotionen wird es alleingelassen und oft versteht ein Kind im Kleinkind- und Kindergartenalter noch gar nicht, warum es jetzt etwas falsch gemacht hat. Wenn du eine unterstützende und verständnisvolle Umgebung schaffst und dein Kind achtsam führst, wird es von allein lernen, welches Verhalten wann angemessen ist und wann nicht.

Das Verständnis für dein Kind und dessen Bedürfnisse oder Beweggründe ist wichtig. Wichtig ist aber auch das Verständnis dafür, was Strafe bei deinem Kind auslösen kann.

Erinnerst du dich daran, wie du dich gefühlt hast, wenn du bestraft wurdest? Vermutlich hattest du Gefühle wie Scham, Erniedrigung, vielleicht sogar Angst, Wut und Unverstandensein. Es liegt also an dir, ob du dein Kind diesen Gefühlen aussetzen möchtest oder ob ihr gemeinsam durch einen Konflikt geht – ohne Strafe, mit viel Verständnis, durchs Vorbildsein, durchs Führen. Wenn du jetzt ein schlechtes Gewissen hast, weil du bisher mit Strafen gearbeitet hast: bitte nicht. Du kannst jeden Tag damit beginnen, es anders zu machen.

Der richtige Zeitpunkt

Nicht jeder Zeitpunkt ist dazu geeignet, mit deinem Kind ins Gespräch zu gehen. Dein Kind tut beispielsweise etwas Unangebrachtes, etwas, was dich verärgert, während andere dabei sind, zum Beispiel in der Öffentlichkeit.

Überlege, ob du das Thema sofort ansprechen musst oder ob ihr es zu einem späteren Zeitpunkt unter vier Augen klären könnt. Vielleicht wirkt es nach außen wie: „Ah, jetzt lässt sie dem das wieder durchgehen." Aber du weißt, dass du dein Kind in einem ruhigen Moment viel besser erreichen wirst. Du vermeidest so, dass es sich vor anderen bloßgestellt und beschämt fühlt.

Unterbinde ein unangebrachtes Verhalten zwar konsequent und sofort, vor allem, wenn Gefahr für das Kind und andere droht, aber suche für ein Streitgespräch den richtigen Rahmen und den richtigen Ort. Geh mit deinem Kind, wenn es möglich ist, aus der Situation und sucht euch einen ruhigen Platz.

ACHTUNG: SEI NICHT ZICKIG

Wenn Wut und Ärger weiter in dir brodeln und du noch keine Gelegenheit hattest, das deinem Kind gegenüber anzusprechen, achte trotzdem darauf, dass du dein Kind nicht ungerecht behandelst und sachlich und respektvoll bleiben kannst. Zickige oder ärgerliche Antworten wird es nicht verstehen, weil es noch weniger als dein erwachsenes Gegenüber deine Gedanken lesen kann. Deine Ablehnung wird es allerdings trotzdem spüren.

Ähnlich verhält es sich, wenn dein Kind einen starken Wutanfall hat und anschließend von einer Sekunde zur nächsten wieder fröhlich lachend durch die Gegend springt. Die Wut deines Kindes ist verraucht, deine Emotionen dabei aber vielleicht noch nicht. Dein Kind sucht deine Nähe, du steckst aber noch viel zu sehr in deinen Emotionen fest. Was kannst du tun?

Sag deinem Kind ehrlich, dass du noch ganz viele Gefühle in dir hast und einen Moment brauchst, um wieder ganz für es da zu sein. Schieb dein Kind nicht weg, denn das vermittelt ihm das Gefühl, nur dann gemocht zu werden, wenn es „lieb“ ist und „funktioniert“. Du kannst aber zum Beispiel sagen: *„Ich hole mir jetzt eine Tasse Kaffee, danach spielen wir wieder zusammen.“*

ACHTUNG: SEI NICHT NACHTRAGEND

Auch, wenn es manchmal schwierig ist: Versuche, nicht nachtragend zu sein. Für dein Kind ist die Situation beendet, es kann nicht mehr verstehen, warum du noch sauer bist, und es ist noch nicht in der Lage, einen Zusammenhang zu einer Situation herzustellen, die länger her ist. Es hilft euch beiden, wenn ihr euch aktiv versöhnt und die Situation zum Beispiel mit einer Umarmung abschließt.

Bestärke dein Kind

Euer Alltag besteht zu einem großen Teil aus Kommunikation, verbaler und nonverbaler, abhängig vom Alter deines Kindes. Je älter dein Kind ist, desto ausgereifter natürlich auch die Kommunikation. Worte haben große Macht. Deshalb ist es wichtig, dass du mit deinem Kind gewaltfrei kommunizierst. Das heißt freundlich und zugewandt und ohne Mittel wie Erniedrigungen, Drohungen, Herabsetzungen oder Lächerlichmachen. Mit Worten kannst du dein Kind schwächen, aber auch stärken.

Schwächende Sätze im Alltag sind zum Beispiel:

- *„Das schaffst du eh nicht."*
- *„Dafür bist du noch viel zu klein."*
- *„Immer machst du etwas kaputt."*
- *„Nein, das mache ich, du machst nur alles dreckig."*
- *„Immer machst du das falsch."*
- *„Du fällst gleich herunter."*
- *„Ich habe dir doch gesagt, das kannst du noch nicht."*

Diese Art von Sätzen lässt sich beliebig fortführen. Und vielleicht ertappst du dich auch dabei, denn sie gehen uns im Alltag leicht über die Lippen. Oft sind sie gar nicht böse gemeint – dein Kind ist für viele

Dinge im Alltag tatsächlich noch viel zu klein. Trotzdem stellen sie eine Abwertung deines Kindes dar und lösen unangenehme Gefühle aus. Im schlimmsten Fall demotivierst du dein Kind und es möchte sich nicht mehr ausprobieren – das wäre für alle Beteiligten sehr schade.

Bestärkende Sätze können sein:

- *„Ich glaube an dich!"*
- *„Das schaffst du!"*
- *„Hier wird es rutschig, achte auf den Weg."*
- *„Ich helfe dir."*
- *„Ich zeige dir, wie es geht."*
- *„Lass es uns gemeinsam versuchen."*
- *„Schau, hier habe ich Platz für dich gemacht."*
- *„Du hast dich toll angestrengt!"*
- *„Ich sehe, wie konzentriert du arbeitest."*
- *„Danke für deine Hilfe!"*
- *„Ich liebe dich."*

Wenn du deinem Kind also Dinge zutraust, dann lass es das auch wissen. Bestärke es nicht nur dadurch, dass du es machen lässt, sondern zusätzlich mit positiven, bestärkenden Worten. Damit spornst du dein Kind liebevoll an und vermittelst ihm das Gefühl, dass du an es glaubst. Du stärkst sein Selbstbewusstsein und sein Selbstwertgefühl und animierst es, sich weiter auszuprobieren.

Beziehe dein Kind in Entscheidungen ein

Gerade in der Autonomiephase, aber generell im Alter von 2 bis 6 Jahren, ist es wichtig, Kinder auch eigenständige Entscheidungen treffen zu lassen. Dies fördert ihre Unabhängigkeit und macht sie sicher in der Entscheidungsfindung insgesamt.

So förderst du dein Kind in der Entscheidungsfindung:

- **Biete Wahlmöglichkeiten an.** Dein Kind möchte nicht, dass über seinen Kopf entschieden wird, und reagiert entsprechend ungehalten auf so manche Entscheidung von dir. Verständlich, denn das widerspricht dem Autonomiebestreben deines Kindes. Natürlich bist du in der Position des oder der Erwachsenen und triffst weiterhin wichtige, grundlegende Entscheidungen. Die Wahl der Kita, medizinische Entscheidungen etc. kannst du nicht deinem Kind übertragen. Es gibt aber viele Bereiche, in die du dein Kind einbeziehen kannst. Wichtig ist, dass du ihm eine echte Wahlmöglichkeit lässt und seine Wahl dann auch akzeptierst.
  - Du entscheidest zum Beispiel, dass nur zwei Stofftiere mit in den Urlaub genommen werden, dein Kind aber entscheidet, welche.
  - Du entscheidest, dass dein Kind eine warme Jacke anzieht, dein Kind aber entscheidet, ob es die blaue oder die rote sein wird.
  - Du entscheidest, dass ihr heute Abend essen geht, dein Kind aber entscheidet, ob es lieber Nudeln oder eine Pizza möchte.
- **Begrenze die Wahlmöglichkeiten.** Je jünger dein Kind, desto überforderter wird es mit der Auswahl sein. Darf dein Kind also in der Früh selbst entscheiden, was es anziehen möchte, richte zwei oder drei Outfits her und lass es daraus wählen. Oder lass ihm die Wahl zwischen den gelben und den grünen Schuhen. Du kennst das Phänomen vielleicht aus der Eisdiele: Dein Kind steht vor 20 Eissorten und kann sich nicht entscheiden – das kennen wir Erwachsene auch. Ihr könnt vor dem Besuch bereits ein paar Eissorten aufzählen und daraus wählen lassen. Somit gibst du deinem Kind sowohl die Freiheit, entscheiden zu können, als auch einen Sicherheitsrahmen, um nicht mit der Auswahl überfordert zu sein.
- **Erkläre den Entscheidungsprozess.** Lass dein Kind an deinen Überlegungen teilhaben und kläre es auch über mögliche Konsequenzen auf. Das hilft deinem Kind, seine Entscheidung besser zu verstehen und auch die Verantwortung dafür zu übernehmen.

Schaffe eine Ja-Umgebung

Hast du mal gezählt, wie oft du im Alltag das Wort „Nein“ verwendest? Mach das mal. Du wirst mit Schrecken feststellen, wie oft das passiert. Und damit bist du nicht allein, denn ein Nein kommt uns allen schnell über die Lippen.

Dein Kind ist ... ein Kind. Es kann Gefahren oft noch nicht richtig einschätzen. Gleichzeitig entwickelt sich auch noch sein Körpergefühl, sodass es manchmal nicht abschätzen kann, welche Bewegung wozu führt. Im Eifer des Spieldrangs und des Entdeckens kann auf umstehende Gegenstände keine Rücksicht genommen werden. Und schon ist das Glas umgekippt, eine Vase auf dem Boden oder etwas anderes umgerannt. *„Nein, nicht so schnell!“, „Nein, nicht daran ziehen!“, „Nein, das darfst du nicht anfassen!“* sind Sätze, die dann schnell fallen. Dein Kind hört also den ganzen Tag sehr oft, was es nicht darf, falsch macht oder kaputt gemacht hat.

Dein Nein sollte deshalb wohldosiert sein und du solltest es nur in Situationen verwenden, in denen du keine Alternative hast. Ein Beispiel wäre, wenn Gefahr im Verzug ist oder dir etwas unglaublich wichtig ist. Ansonsten ist ein Alltag mit vielen Neins sehr frustrierend und negativ für dein Kind. Hört dein Kind zu viele und zu wahllose Neins, nutzen sich diese auch ab und haben bald keine wichtige (Signal-)Wirkung mehr auf dein Kind.

Um also möglichst wenig Nein sagen zu müssen, ist es wichtig und hilfreich, eine liebevolle „Ja-Umgebung“ zu schaffen. Und das liegt von Anfang an bei dir und beginnt schon im Babyalter. Dein Baby ist bei dir eingezogen und ist nun ein Teil der Familie. Somit hat es auch das Recht, sich frei entfalten und sicher bewegen zu können. Das kann es aber nicht, wenn es ständig an Grenzen stößt. Für die passenden Rahmenbedingungen musst du sorgen.

Ist es dir also wichtig, dass dein Kind zwar im Haus rennen, die teure Bodenvase dabei aber auf gar keinen Fall umwerfen darf, dann räume sie an eine Stelle, an der sie sicher ist. Dein Kind ist noch nicht in der Lage, im Spieldrang darauf zu achten.

Räume alle gefährlichen Dinge aus dem Weg und biete möglichst wenig Möglichkeiten, nein sagen zu *müssen*.

Natürlich kannst du deinen Wohnraum nicht komplett kindersicher gestalten. Du wirst nie ganz verhindern können, dass Dinge zu Bruch gehen. Dein Kind muss auch lernen, dass es physische Grenzen gibt, die es respektieren und auf die es achten muss. Du kannst diese aber minimieren und brauchst dann weniger Nein zu sagen.

- In vielen Nein-Situationen kannst du übrigens auch einfach Ja sagen. Frage dich, bevor du reagierst, was passieren würde, wenn du doch Ja sagst. In vielen Fällen nichts – außer einem glücklichen Kind und über den Haufen geworfene alte Dogmen. Und keine Angst: Dein Kind wird nicht komplett alle geltenden Regeln hinterfragen, weil du einmal doch Ja zu etwas sagst, was sonst vielleicht „verboten“ ist.
- Du kannst auch ein Nein positiv in ein Ja umwandeln. Statt *„Nein, nicht rennen!“* kannst du sagen: *„Ja, du kannst rennen, aber draußen im Garten oder Flur.“* Statt ständig *„Nein, das ist zu gefährlich!“* zu sagen, kannst du für dich definieren: *„Ja, ich sichere die Umgebung so für dich ab, dass du dich gut bewegen kannst und dir nichts passiert.“* Das erleichtert dir und deinem Kind den Alltag und macht ihn für alle Beteiligten positiver.

SO GESTALTET IHR EUREN TAG

Du hast jetzt schon sehr viel über die Selbstwirksamkeit deines Kindes gelesen. Darüber, wie ihr im Alltag ein gutes Team seid, wie ihr euch dort sicher fühlt und was euch dabei helfen kann. Im folgenden Kapitel gebe ich dir viele Impulse, Ideen und Anregungen, wie du dein Kind ganz konkret am Alltag teilhaben lassen kannst. Du erfährst, was es dabei lernt und wie ihr das gemeinsam gut umsetzen könnt.

Dabei gehen wir gemeinsam durch einen üblichen Tag: von Montag bis Sonntag, vom Morgen bis zum Abend. In Familien läuft nicht immer alles gleich ab, aber die Momente, in denen du dein Kind gut im Alltag mitnehmen kannst, gleichen sich meist. Deshalb können meine Tipps und Inspirationen vielen Familien weiterhelfen. Such dir einfach das heraus, was für dich gut klingt und gut umsetzbar ist. Manche Beispiele lassen sich auch leicht auf andere Situationen übertragen. Im Fokus steht immer die Eigenständigkeit deines Kindes, aber auch das gemeinsame Gestalten der jeweiligen Situationen.

Guten Morgen

Der Start am Morgen ist oft entscheidend dafür, wie der restliche Tag ablaufen wird. Ist er hektisch und voller Stress, muss dieser im Laufe des Tages erst wieder abgebaut werden. Bereits hier kann dein Kind viel mitgestalten, und vielleicht hilft das auch, den Tag entspannter zu beginnen und ohne einen Rucksack voller Stress zu starten.

Vom Aufwachen und Aufstehen

Die Aufstehzeit wird leider oft von äußeren Faktoren wie Job oder Kita bestimmt und somit von dir festgelegt. Daran wirst du wenig ändern können, in der Ausgestaltung aber hast du durchaus Spielraum.

So könnt ihr den Tagesbeginn zusammen gestalten:

- Ihr könnt am Abend zum Beispiel gemeinsam einen Wecker stellen und euch ein Aufwachritual überlegen, was deinem Kind den Start in den Tag erleichtert. Das könnte das sanfte Wecken (leise Musik, Vorhänge auf etc.) oder gemeinsames Kuscheln in den Tag sein. Schaut, was für euch passt.
- Überlegt und besprecht, was der Tag alles bereithalten wird: Kita, eventuelle Aktivitäten am Nachmittag, was es zum Abendessen gibt und so weiter. Frag dein Kind, was es gerne machen möchte und lass ihm bei allen Dingen, bei denen es möglich ist, Wahlfreiheit und Mitentscheidungsrecht. So ist es von Anfang an dabei und kann sich auf den Tag einstellen. Habt ihr einen Wand- oder Wochenkalender, visualisiere die anstehenden Termine.
- Falls noch Zeit ist, plant genug Zeit fürs Spielen ein oder lest zusammen ein Buch. Weiterspielen kann dein Kind dann in der Kita. Beende diese Phase also nicht mit den Worten *„Jetzt ist das Spielen vorbei!“*, sondern mit der Aussicht darauf, dass es gleich in der Kita weiterspielen kann. Das erleichtert den Übergang von zu Hause in die Kita. (Mehr zum Thema „Übergänge“ findest du im Kapitel → „So gelingen euch Übergänge“ ab Seite 189.)

Das lernt dein Kind dabei:

- Selbstbestimmtheit und Selbstwirksamkeit
- Entscheidungen zu treffen
- Rücksicht auf eigene Gefühle und Befindlichkeiten (zum Beispiel beim Aufwachritual) zu nehmen

Das brauchst du dazu:

- Zeit und Geduld
- alles, was du für eure Rituale benötigst (Buch, Hörbuch etc.)
- Wecker

Im Badezimmer

Nach dem Aufstehen geht es ins Badezimmer. Hier steht die Selbstpflege im Vordergrund, ein Bereich, in dem dein Kind viel lernen muss. Das alles geschieht in einer Umgebung, die für dein Kind sehr spannend sein kann – es gibt viele Gerüche und natürlich: Wasser. Die meisten Kinder lieben es, zu planschen und mit Wasser zu experimentieren. Es ist aber völlig normal, wenn dein Kind immer mal wieder eine Phase hat, in der es Wasser ablehnt. Du erinnerst dich vielleicht noch an die Babyzeit: Hat dein Kind gerne gebadet? War das durchgängig so oder gab es auch Phasen, in denen Baden mit viel Weinen und Schreien verbunden war? Oder hattest du von Anfang an eine Wasserratte? Jedes Kind ist anders und bei jedem Kind können sich solche Phasen abwechseln. Manchmal gibt es auch beides: Das Spielen mit Wasser im Waschbecken ist super, das Wasser in der Badewanne aber ganz furchtbar.

So könnt ihr die Zeit (morgens) im Bad zusammen gestalten:

Im Badezimmer geht es viel um Körperlichkeit. Hier ist es besonders wichtig, dass du dein Kind gut mitnimmst und seine körperlichen Grenzen respektierst. Das heißt nicht, dass es in Ordnung ist, wenn es nie wieder badet oder sich nie die Zähne putzt. Sei in guter Beziehung mit deinem Kind und erkläre ihm ruhig und klar die Notwendigkeit dieser Vorgänge. Du begleitest es gut durch die Situation, auch wenn es keine Lust auf hygienische Handlungen wie Zähne putzen hat. Du bist in Verbindung mit deinem Kind. Gleichzeitig gibt es Grenzen, die du respektieren kannst, zum Beispiel, wenn sich dein Kind allein abtrocknen möchte, nicht angefasst werden will oder sich alleine ausziehen mag. Je älter dein Kind ist, desto mehr wirst du es auch allein agieren lassen können, denn: Je autonomer es entscheiden und agieren darf, desto weniger Stress werdet ihr im Badezimmer haben.

- **Schafft eine kindgerechte Umgebung.** Im Badezimmer sollten alle Gegenstände, die dein Kind selbstständig benutzen darf, auch gut für es erreichbar sein, also Bürste, Handtuch usw., aber auch das Waschbecken mittels eines Hockers. Zur kindgerechten Umgebung gehört auch die Sicherheit, sprich alles, was gefährlich werden könnte oder dir wichtig ist (teures Parfum z. B.), sollte außer Reichweite deines Kindes stehen.
  Wichtig ist es für dein Kind, sich dabei zu sehen. Platziere also einen kleinen Spiegel gut sichtbar in Augenhöhe deines Kindes. So kann dein Kind die eigene Körperhygiene beobachten und auch kontrollieren.
- **Besorge für dein Kind eigene Produkte.** Dein Kind wird stolz und somit viel lieber eigene Produkte benutzen, zum Beispiel eine eigene Kinderseife. Manche Kinder lehnen so etwas aber auch ab: *„Ich bin schon groß!“* Ist das bei euch auch so? Dann erlaube und ermögliche deinem Kind, eure Erwachsenenprodukte zu benutzen. Ähneln sich Produkte, kannst du sie mit einem farblichen Klebepunkt oder Aufkleber farblich gestalten und so für dein Kind unterscheiden.

BADEN LEICHT GEMACHT

Gerade, wenn dein Kind nicht gerne badet, empfehlen sich Rituale. Finde heraus, zu welcher Tageszeit dein Kind am liebsten badet und macht gemeinsam ein schönes oder lustiges Erlebnis daraus. Lass dein Kind seinen Lieblingsduft aussuchen oder findet einen Badezusatz. Dein Kind kann dir helfen, alle Utensilien bereitzulegenn, also ein Handtuch oder Badespielzeug. Bau thematische Abenteuer mit ein, also lass ein Badeboot sinken oder rettet gemeinsam einen Waschlappen – der Fantasie sind hier keine Grenzen gesetzt.

Ihr könnt auch zusammen baden, wenn euch das beiden gefällt.

Frag dabei immer dein Kind:
- *„Wann möchtest du lieber baden – in der Früh oder am Abend?"*
- *„Möchtest du heute lieber duschen oder baden?"*
- *„Magst du Musik beim Baden hören? Laute Musik oder leise Musik?"*
- *„Welche Badetiere möchtest du mitnehmen?"*
- *„Welche Farbe soll dein Badewasser haben?"*
- *„Lieber mit Schaum oder lieber ohne?"*

- **Lass es selbst machen.** Am Anfang wirst du noch viel übernehmen, aber trau deinem Kind immer mehr zu. Hände waschen, die Zahnbürste halten, Haare kämmen, die Haarspange aussuchen, das Handtuch aufhängen, sich eincremen usw. – es gibt so viele Schritte im Bad, die dein Kind erlernen und bald selbstständig erledigen kann. Erkläre die notwendigen Schritte und warum sie wichtig sind. Sei Vorbild und lass dein Kind zuschauen, wie du dir beispielsweise die Haare kämmst. Dein Kind wird es dir bald nachmachen – und zwar ganz allein. Hänge Bilder mit den jeweiligen Schritten gut sichtbar im Bad auf (z. B. zum Händewaschen). Wenn es die Zeit zulässt, kämmt euch die Haare auch mal gegenseitig oder macht ein Friseurspiel daraus.
  Je selbstbestimmter dein Kind sein darf, desto mehr macht der Aufenthalt im Badezimmer auch Spaß.

- **Seid erfinderisch beim Haarewaschen.** Haarewaschen ist ein Vorgang, den viele Kinder am liebsten abschaffen würden. Und trotzdem kommt man nicht daran vorbei. Wenn Shampoo komplett abgelehnt wird, reicht warmes Wasser völlig aus. Wenn dein Kind Schaum toleriert, dann achte bitte darauf, dass es sich wirklich um ein Kindershampoo handelt, das nicht in den Augen brennt. Wenn die Dusche Angst macht oder unangenehm ist, dann kannst du den Schaum auch mit einem Becher voll Wasser abspülen – oder dein Kind macht das eben auch gleich selbst. Das gilt auch für den Duschkopf: Dein Kind darf sich selbst die Haare waschen, wenn es das möchte und schon kann. Lass dein Kind dir die Haare waschen oder wascht sie euch gegenseitig. Ältere Kinder können eine Schwimm- oder Taucherbrille oder Schirmmützen, die es extra zum Haarewaschen gibt, aufsetzen: Das schützt vor Schaum in den Augen und kann auch gleich in ein Spiel integriert werden. Lass dein Kind also viel selbst machen. Wenn es das Gefühl hat, die Kontrolle über das Wasser über ihm zu haben, wird Haarewaschen deutlich angenehmer für dein Kind.
- **Gestalte eure Zeit im Bad spielerisch.** Wasser übt auf viele Kinder eine magische Anziehungskraft aus. Wasserspiele jeder Art sind faszinierend, und wo, wenn nicht im Badezimmer, kann dein Kind dieser Faszination besser nachgehen? Plane also genug Zeit ein und biete deinem Kind die Möglichkeit, am Waschbecken mit Wasser zu spielen. Um nicht zu viel Wasser zu verschwenden, lege die Menge fest oder stell eine Schüssel bereit, in der das Wasser aufgefangen werden kann. Solche Aktivitäten passen zeitlich vermutlich nicht in eure Morgenroutine. Aber vielleicht ist am Wochenende oder am Abend Zeit dafür?
- **Lass dein Kind auch beim Wickeln oder auf der Toilette selbstwirksam sein.** Wird dein Kind noch gewickelt, ist auch hier die Selbstwirksamkeit wichtig. Lass dein Kind wenn möglich eigenständig auf den Wickeltisch klettern. Das ist nicht nur ein spannendes Spiel und eine schöne motorische Herausforderung, sondern dein Kind kann dir so auch ein deutliches Signal geben: *„Jetzt bin ich bereit zum Wickeln!“*

Auch das selbstbestimmte Benutzen der Toilette oder eines Töpfchens ist eine wertvolle Erfahrung in der Autonomieentwicklung deines Kindes. Dabei ist wichtig, dass dein Kind in der Phase der Sauberkeitsentwicklung Kleidung trägt, die es selbstständig und schnell an- und ausziehen kann. Ebenso wichtig ist auch die richtige Toilettenumgebung, also eine gute Erreichbarkeit und heimelige Umgebung. Für windelfreie Kinder, bei denen auch noch mal was daneben geht, ist es sinnvoll, frische Unterhosen in der Nähe der Toilette aufzubewahren, an die sie selbstständig herankommen. So kann dein Kind, ohne zu fragen oder dich zu rufen, schamfrei und unkompliziert für seine eigene Sauberkeit sorgen.

Das lernt dein Kind dabei:

- Körperhygiene und ihre Abläufe
- Selbstständigkeit
- das Wahren von Grenzen
- Sinneserfahrung (beim Spiel mit dem Wasser)
- selbstständig zur Toilette zu gehen

Das brauchst du dazu:

- einen Tritt oder Hocker oder eine andere Möglichkeit für dein Kind, um ans Waschbecken zu gelangen
- Toilettensitz oder Töpfchen
- Körbchen mit Waschutensilien und Hygieneartikel für dein Kind, das gut erreichbar ist, oder eine Schublade, an die dein Kind gut herankommt
- Handtuch, Seife etc., ebenfalls gut erreichbar für dein Kind
- einen Spiegel
- Badespielzeug oder Badezubehör
- Kinderprodukte wie Kinderseife, falls gewünscht
- Wenn ihr mögt, Kinderduschen, die in die Dusche montiert werden können.

Die Kleiderauswahl

Bereits kleine Kinder haben ein sicheres Gespür dafür, was sie anziehen möchten und was nicht. Indem du dein Kind dabei unterstützt und ihm viel Freiraum lässt, ermöglichst du ihm, die eigene Identität zu entwickeln und sich auszudrücken.

So könnt ihr das Anziehen gemeinsam gestalten:

Bei zu viel Auswahl im Kleiderschrank kann dein Kind leicht überfordert sein. Außerdem kann es noch nicht wirklich einschätzen, welche Kleidung für die jeweilige Jahreszeit oder die geplanten Aktivitäten gut geeignet ist.

- Du hilfst deinem Kind, wenn du die Auswahlmöglichkeiten vorher einschränkst und es aus wenigen Stücken aussuchen lässt: *„Möchtest du den blauen Pulli oder den roten Pulli anziehen?“* Hilfreich kann auch sein, zwei komplette Outfits auszuwählen und deinem Kind zwischen diesen beiden die Wahl zu lassen. Ist es dein Kind bereits gewohnt, selbstständig zu wählen, kannst du die Auswahl jederzeit vergrößern.
- Geh mit deinem Kind zusammen einkaufen und lass es selbst auswählen. Hängen Klamotten im Kleiderschrank deines Kindes, die es selbst ausgesucht hat und die ihm wirklich gefallen, fällt auch das morgendliche Anziehen leichter.
- Biete Alternativen: *„Draußen ist es sehr kalt, du kannst nicht in deinem Badeanzug in die Kita gehen. Du kannst aber heute Abend gerne damit in die Badewanne.“*
- Sorge dafür, dass dein Kind an die Kleidung kommen kann. Die Schubladen oder Schränke kannst du von außen mit Fotos der Kleidung kennzeichnen, die einsortiert ist. So macht du es deinem Kind leichter, auch wirklich selbstständig an die Klamotten zu kommen und sich eigenständig anzuziehen.
- Ganz wichtig: Respektiere die Entscheidung deines Kindes. Ist deine Lieblingsfarbe Rosa, die deiner Tochter aber Grün, dann bestehe nicht auf das rosafarbene Jäckchen und mache ihr das

grüne nicht madig. So hilfst du deinem Kind, einen eigenen Stil zu entwickeln und auf die eigenen Vorlieben zu vertrauen. Du kannst natürlich auf eine Frage ehrlich antworten: *„Mir gefällt die rosafarbene Jacke besser, weil Rosa meine Lieblingsfarbe ist. Es ist aber deine Jacke und du liebst Grün. Also nehmen wir die grüne Jacke.“*

- Respektiere auch, wenn dir eine Kombination oder Auswahl nicht gefällt, die dein Kind schön findet. Nur so lernt es ein Gespür dafür zu entwickeln, was es schön findet und was zu ihm passt. Wenn etwas für dich gar nicht geht, dann teile das deinem Kind auch mit und mache einen Gegenvorschlag. Frag dein Kind, was es so gut an dieser Kombination findet.
- Hinterfrage Konventionen. Möchtest wirklich du nicht, dass dein Sohn in einem Kleid in die Kita geht, oder befürchtest du, dass er ausgelacht werden könnte, und intervenierst deshalb? Dann ist das Problem nicht das Kleid, sondern die Vorstellung der anderen. Kinder sind viel entspannter und vorurteilsfreier als Erwachsene. Auch hier gilt, was wir ihnen vorleben. Dein Kind möchte sich ausprobieren und braucht den Raum und deinen Rückhalt dazu.

Das lernt dein Kind dabei:

- Selbstständigkeit
- eigene Entscheidungen zu treffen
- einen eigenen Geschmack zu entwickeln
- einen Sinn für Ästhetik
- Selbstbestimmtheit
- ein Gespür für Farben
- die Auswahl witterungsgerechter Kleidung

Das brauchst du dazu:

- Vertrauen in dein Kind
- Geduld
- Kleidung

Das Frühstück

Die erste Mahlzeit des Tages, und oft genug fällt sie bei euch Zuhause vielleicht auch aus – dein Kind frühstückt in der Kita und du bei der Arbeit. Am Wochenende sieht es oft anders aus, da ist mehr Zeit für ein gemeinsames Frühstück und den kulinarischen Start in den Tag. Und vielleicht ist es in deiner Familie wichtig, auch unter der Woche gemeinsam zu frühstücken.

Frühstückt dein Kind in der Kita, ist der Austausch mit den pädagogischen Fachkräften wichtig. Frühstückt dein Kind nicht, so kann sich das auf die gesamte Befindlichkeit deines Kindes auswirken. Es ist also wichtig zu wissen, ob das Kind gefrühstückt hat – egal wo. Natürlich ist das Hungergefühl deines Kindes entscheidend und es sollte niemals essen „müssen“. Ein Angebot dazu sollte es aber immer geben.

So könnt ihr das Frühstück zusammen gestalten:

- **Kinderfreundliche Umgebung.** Gestalte einen Bereich, der nur für dein Kind gedacht ist, zum Beispiel mit einem bunten Tischset. Ist dein Kind noch klein, steht davor der Hochstuhl, bei größeren Kindern ein normaler Stuhl. Wichtig ist, dass dein Kind den Tisch überblicken kann, sodass es wirklich am Frühstück teilhaben kann. Fülle die Zutaten in Schüsseln oder richte sie so an, dass dein Kind so selbstständig wie möglich das Frühstück bestreiten kann. Biete eine gute Auswahl, sodass dein Kind entscheiden kann, was es gerne essen möchte. Je nach Alter des Kindes kann eine zu große Auswahl überfordern, eine zu kleine jedoch auch einschränken und das Gefühl vermitteln, es müsse essen, was da ist.
  Bereite das Frühstück mit deinem Kind zu und lass dir dabei von ihm helfen, beispielsweise beim Tischdecken. Ist dein Kind zu müde zum Mitwirken, dann ist das auch in Ordnung. Der Esstisch kann, muss aber nicht immer ein Lernumfeld sein. Es ist auch völlig legitim, deinem Kind das Brötchen zu schmieren, obwohl es das eigentlich schon selbst kann, wenn es zu z. B. zu müde ist.

- **Frühstückt in eurem Tempo.** Je weniger das Frühstück mit Stress verbunden ist, desto besser. In der Früh muss es oft schnell gehen, der Frühstückstisch aber sollte kein Ort der Hetze oder des Stresses werden. Habt ihr keine Zeit zum Frühstücken, ist die Banane auf der Hand auf dem Weg zur Kita besser als ein hektisches Frühstück am Tisch, bei dem du dein Kind ständig drängeln musst, fertig zu werden.
  Menschen haben unterschiedliche Bedürfnisse, natürlich auch beim Essen. Manche brauchen etwas im Magen, bevor sie in den Tag starten, andere nicht. So ist das auch bei Kindern. Wenn dein Kind also erst in der Kita frühstückt und vorher keinen Hunger hat, ist das völlig in Ordnung. Frage dein Kind und achte auf seine Signale. Wenn ihr am Wochenende mehr Zeit habt und das Frühstück als Familie zelebrieren möchtet, dann nehmt euch so viel Zeit wie möglich. Essen soll mit positiven Gefühlen verbunden werden, also achte bitte auch bei dieser Mahlzeit darauf, dass unangenehme Themen nicht unbedingt beim Frühstück auf den Tisch kommen.

DIE BROTBOX

Nimmt dein Kind eine Brotbox mit in die Kita, kannst du es auch daran teilhaben lassen. Frage es, was es gerne mitnehmen und essen möchte, und füllt die Box gemeinsam. Das kann am Vorabend oder am Morgen passieren, je nach Zeit und Vorliebe.

Suche gemeinsam mit deinem Kind diese Box aus. Achte darauf, dass dein Kind sie auch selbstständig öffnen und schließen kann.

Geht gemeinsam einkaufen und macht einen Plan für die Woche. Ist dein Kind sehr wählerisch und möchte immer nur die gleichen Sachen dabeihaben, macht einen Deal. Meistens haben die Brotboxen mehrere Fächer. Das Lieblingsessen deines Kindes ist dabei, aber an drei Tagen der Woche packst du in eines der anderen Fächer noch eine Zutat, die dein Kind probieren kann. Kann, bitte nicht muss.

Das lernt dein Kind dabei:

- Selbstständigkeit
- Nahrungsvielfalt
- Entscheidungsfreudigkeit
- Fertigkeiten wie Tisch decken, Nahrung zubereiten etc.
- Einkaufen und Planung des Einkaufs

Das braucht du dazu:

- Kinderfreundliches Geschirr und Besteck
- Schüsseln und kindgerechte Anrichtemöglichkeiten
- Brotbox, wenn dein Kind diese für die Kita braucht
- Zeit

Am Tag

Im Laufe des Tages gibt es viele Alltagssituationen, die du mit deinem Kind gut gemeinsam gestalten kannst. Ich habe dir ein paar typische Beispiele herausgesucht, die nahezu täglich vorkommen.

Gemeinsam einkaufen

Einkaufen mit kleinen Kindern kann sehr anstrengend sein. Wenn der Einkauf aber gut vorbereitet ist, kann er für dein Kind zu einem spannenden Erlebnis werden. Kleiner Tipp: Wenn du Dinge einkaufen möchtest, bei denen du deine Ruhe brauchst und konzentriert Preise vergleichen möchtest, oder eher in Ruhe bummeln und verschiedene Dinge ausprobieren willst, mache das, wenn es geht, ohne dein Kind, zumindest wenn es noch ein Kleinkind ist. Kinder verlieren schnell die Lust und die Ausdauer, und dein Shoppingerlebnis bleibt auf der Strecke, wenn du ständig einem Kind hinterherrennen musst.

Überlege auch, zu welcher Tageszeit ihr einkaufen geht. Nach der Kita zum Beispiel, wenn dein Kind müde vom Tag ist, kann der Einkauf für dein Kind sehr anstrengend sein. Hier noch Kooperationsbereitschaft abzuverlangen ist sehr wahrscheinlich zum Scheitern verurteilt.

Sieh den gemeinsamen Einkauf als großes Lernfeld für dein Kind an. Es kann in vielen Bereichen sehr selbstständig agieren und somit eine hohe Selbstwirksamkeit erfahren.

DER GEFÜRCHTETE WUTANFALL

Wenn es trotzdem zu dem berühmten Wutanfall im Supermarkt kommt, versuche, gelassen zu bleiben. Bleibe bei deinem Kind und mit deinem Kind in Beziehung. Die Blicke der anderen Kund*innen können sehr störend und belastend sein, aber sei sicher: Vielen ist das auch schon passiert. Manche Blicke signalisieren Verständnis, nicht nur Unverständnis und Genervtheit. Lass dich nicht verunsichern. Dein Kind braucht dich in diesem Moment, und die anderen Leute interessieren gerade nicht. Wenn du dich besser fühlst, versuche, mit deinem Kind den Supermarkt zu verlassen. Vermutlich aber wird das schwierig werden, also begleite dein Kind durch die Wut.

Was war der Auslöser? Versetze dich in die Situation deines Kindes. Vielleicht liegt tatsächlich ein anstrengender Kita-Tag hinter ihm und seine Kooperationsbereitschaft ist bereits aufgebraucht. Dann gibt es überall Reize und Verlockungen – Süßigkeiten, Spielwaren, Düfte, Geräusche, viele Menschen. Kommt dann noch ständig ein Nein von dir, kann es schnell zum emotionalen Overload kommen.

So kannst du den Wutanfall gut begleiten:

- Signalisiere deinem Kind, dass du da bist.
- Nimm es in den Arm, wenn es das möchte, oder halte etwas Abstand und dabei Augenkontakt.
- Erkläre ruhig, warum du zu bestimmten Dingen nein gesagt hast, und versucht, eine Lösung zu finden.

- Überlege für dich, ob du dein Nein nicht in ein Ja umwandeln kannst – nicht, weil du dann nachgibst, sondern weil auch du mit deinem Kind kooperierst. Das heißt nicht, dass es jedes Mal einen Warenkorb voller Spielsachen mit nach Hause nehmen darf. Aber wäre der eine Schokoriegel wirklich so schlimm?
- Vielleicht hast du sehr gute Gründe für dein Nein, das ist absolut legitim. Dann bleib dabei, erkläre es deinem Kind aber in kindgerechten Worten: *„Ich möchte nicht, dass du vor dem Abendessen so viele Süßigkeiten isst, ich möchte dir das jetzt nicht kaufen. Ich verstehe aber gut, dass dich das gerade traurig macht."*
- Rechtfertige dich nicht vor anderen (fremden) Menschen. Du musst nichts erklären. Kommen ungefragte Ratschläge à la „Früher hätte es das aber nicht gegeben!", dann ignoriere sie oder kontere mit *„Doch. Aber dann wurde den Kindern gedroht und sie haben nur deshalb ihr Verhalten geändert. Die Wünsche waren auch damals schon da, erinnern Sie sich nicht mehr?"*

Dein Kind braucht dich in dieser Situation, denn es ist in einem emotionalen Ausnahmezustand. Überlegt dann gemeinsam, wie ihr in Zukunft gemeinsam einkaufen könnt und wie es für beide ein gutes Erlebnis wird. Für den Alltagseinkauf gibt es ein paar Impulse, die dir helfen, den Einkauf stressfrei für alle zu gestalten.

So könnt ihr den Einkauf zusammen gestalten:

- Beziehe dein Kind von Anfang an mit ein. Sprecht also darüber, wofür du die Lebensmittel brauchen wirst, was ihr (vielleicht sogar gemeinsam) kochen werdet, warum ihr ein neues Duschgel braucht und so weiter.
- Frage dein Kind, was es denn gerne essen möchte, zum Beispiel welches Obst ihr heute kaufen sollt. Das gibt deinem Kind das Gefühl der Kontrolle und Mitbestimmung.
- Bereite den Einkauf gut vor. Je nach Alter deines Kindes geht das schon gut mit deinem Kind zusammen. Gestaltet eine gemeinsame

Einkaufsliste – was brauchen wir, was haben wir noch zu Hause, was kaufen wir wo? Macht für jeden Laden eine eigene Einkaufsliste. Arbeite mit Symbolen, wenn dein Kind noch nicht lesen kann – eine Milchtüte oder Obst wird es auf jeden Fall wiedererkennen. Wenn dein Kind gut malt, lass es die Symbole gerne selbst auf die Liste malen. Du kannst für dein Kind auch eine eigene Liste mit Dingen gestalten, die es selbst im Laden zusammensuchen kann.

- Klärt im Vorfeld, ob es sich im Laden etwas aussuchen darf, und wenn ja, grenzt ein, was. Wenn dein Kind schon älter ist, lege eine Preisgrenze fest.
- Macht Zeichen aus, wenn es deinem Kind zu viel wird, oder ermutige es, dies auszusprechen. Je älter dein Kind, desto besser wird das funktionieren. Überlegt Strategien, wie dann weiterverfahren wird: Verkürzt ihr dann den Einkauf? Kann sich dein Kind in den Wagen setzen? Habt ihr ein Buch für diesen Fall dabei?
- Mach den Einkauf zu einem Spiel. Eine Schatzsuche zum Beispiel kann sehr aufregend sein – findet dein Kind ein bestimmtes Produkt im Laden? Oder geht auf Farbensuche – welche Produkte sind zum Beispiel rot? Oder stelle Farbenfragen: *„Welche Farbe hat die Tomate?“*
- Wenn dein Kind an mathematischen Prozessen interessiert ist (oft ab dem Vorschulalter), mache eine kleine Mathe-Olympiade. Lass es Dinge zählen, Waren abwiegen, Mengen schätzen. Frag dein Kind, wie viele Kekse ihr kaufen müsst, damit es für die Woche reicht. Bestimmt fallen dir weitere Beispiele ein, damit aus dem Einkauf eine spielerische Angelegenheit wird.
- Lass dein Kind viel selbst machen. Viele Supermärkte haben kleine Einkaufswägen. Dein Kind kann also selbstbestimmt „wie die Großen“ durch den Supermarkt gehen und Waren leicht in den Wagen legen. Anschließend kann es auch die Produkte auf das Förderband an der Kasse legen. Manche Supermärkte haben einen Handscanner zum Selbstscannen. Auch diese Aufgabe kann dein Kind übernehmen. Es ist also immer Teil des Einkaufsprozesses und übernimmt wichtige Aufgaben.

Das lernt dein Kind dabei:

- Eigenverantwortung
- Selbstständigkeit
- mathematische Fähigkeiten
- Verantwortungsgefühl

Das brauchst du dazu:

- Einkaufsliste; eventuell Material zum Selbst-Gestalten
- einen eigenen kleinen Korb für dein Kind
- Geduld und Zeit

Gemeinsam kochen

Essen ist lebensnotwendig und ein Grundbedürfnis. Nicht immer hast du im Alltag Zeit, frisch zu kochen. Das ist völlig in Ordnung. Manchmal muss es schnell gehen. Dann tut es auch ein Fertiggericht, Fast Food oder eine Bestellung beim Lieferdienst.

Es gibt aber auch Tage, an denen du frisch kochst. Für dein Kind ist es eine tolle Erfahrung zu sehen, wie aus verschiedenen Zutaten ein Gericht entsteht – also ein Endprodukt. Es ist faszinierend zu erleben, wie die gekauften Lebensmittel nun verarbeitet werden können. Und es kann dir beim Kochen bei sehr vielen Arbeitsschritten helfen, zum Beispiel beim Wiegen, Schneiden, Umrühren, Ausstechen, Kneten, Formen und so weiter.

So könnt ihr das Kochen zusammen gestalten:

- Überlegt gemeinsam, was ihr kochen wollt. Entweder spontan oder vorgeplant in Form eines Wochenplans. Diesen kannst du so gestalten, dass dein Kind einen guten Blick darauf hat. Für die einzelnen Gerichte und Komponenten kannst du Fotos von den fertigen Gerichten laminieren und zum jeweiligen Wochentag hängen. Pro Wochentag sieht dein Kind also gleich, was es zu essen gibt. Ihr könnt den Tag auch in die drei Hauptmahlzeiten einteilen (Frühstück, Mittagessen, Abendessen) und Platz für Snacks lassen. Den Plan kannst du gestalten, wie er für dich und deine Familie passt. Natürlich geht es auch ohne Plan.

- Habt ihr euch für ein Gericht entschieden und wollt es heute kochen, überlegt zusammen, was ihr dafür alles braucht. Manche Nahrungsmittel kann dein Kind (je nach Alter) bereits selbst zusammensuchen: Nudeln aus dem Vorratsschrank, Zitrone aus dem Obstkorb usw. Auch die notwendigen Arbeitsgeräte wie Messer, Schneidebrett, Töpfe können schon paratgestellt werden.
- Startet dann mit der Zubereitung. Vielleicht hast du ein Kinderkochbuch mit Rezepten. Auch das kannst du entweder kaufen oder selbst gestalten. Wichtig dabei ist, dass die einzelnen Arbeitsschritte kindgerecht bildlich dargestellt werden. Natürlich geht es auch ohne Kochbuch. Dann aber braucht dein Kind von dir klare Anweisungen.
- Je nach Alter und Erfahrung wird dein Kind mehr oder weniger beitragen (können). Kochen bedeutet für dein Kind auch Experimentieren und Forschen. Kalkuliere das bei der Zubereitung mit ein und baue entsprechende zeitliche Puffer ein. Kläre im Vorfeld, was absolute No-Gos sind, zum Beispiel das Hantieren mit heißem Wasser. Wenn dein Kind gerne mit Mehl experimentiert und Mehl heute zur Zubereitung wichtig ist, gib ihm etwas davon in eine eigene Schüssel.
- Kochen ist für dein Kind auch eine sinnliche und sensorische Erfahrung. Wie fühlt sich Mehl an? Was passiert eigentlich mit einer Kartoffel, wenn ich sie drücke? Was geschieht, wenn ich matsche? Wie auch beim Essen, sind das wichtige Erfahrungen für dein Kind. Du musst für dich entscheiden, inwieweit du es zulassen möchtest und kannst, dass dein Kind diese Erfahrung mit Lebensmitteln macht, oder ob du eine Alternative anbieten möchtest: *„Ich möchte nicht, dass du mit dem Mehl spielst, wir gehen aber später noch auf dem Spielplatz in den Sandkasten, mit dem Sand kannst du gerne spielen.“*

- Die sinnlichen Erfahrungen, besonders in der Küche, sind wertvoll für die Entwicklung deines Kindes. Wie riecht die Welt, wie schmeckt die Welt, wie fühlt sie sich an? Lass dein Kind probieren, schmecken, an allem riechen. Vielleicht habt ihr ein paar Töpfe mit Kräutern, an denen es riechen kann, die es probieren darf. Lass dein Kind in eine Zitrone beißen, vom Apfel kosten, den Teig naschen, am Pfeffer riechen. Benenne die Dinge: Was ist sauer, salzig, fruchtig, süß oder scharf? Ähnlich wie Gefühle können auch Sinneserfahrungen nur verstanden werden, wenn man sie erlebt.
- Beginnt nun mit den einzelnen Arbeitsschritten. Hilfreich ist es, vorher zu besprechen, wer welchen Schritt übernehmen möchte, was dein Kind allein übernehmen kann und was ihr gemeinsam tun könnt. Je mehr du deinem Kind zutraust, desto mehr wird es sich selbst auch zutrauen. Begleite die Schritte, die es noch lernen muss *(„Ich zeige, dir wie man etwas abwiegt. Beim nächsten Mal versuchst du es allein.“)* und die, die es schon gut allein kann *(„Du kannst schon mal umrühren.“).*
- Von klein auf ist es wichtig für dein Kind, dass du kommentierst, was du tust. Das fördert nicht nur die Sprachentwicklung, sondern gibt deinem Kind auch das Gefühl, an den Alltagsvorgängen teilzuhaben, selbst wenn es noch gar nicht helfen kann. Dies gilt für alle Lebenslagen.
- Bei ganz kleinen Kindern (12 bis 18 Monate) kannst du auch einfach nur die Arbeitsutensilien bereithalten ohne Inhalt. Du rührst beispielsweise etwas mit dem Schneebesen in einer Schüssel, dann reicht es deinem Kind, wenn es ebenfalls einen kleinen Schneebesen in der Hand halten und in einer kleinen Schüssel rühren darf. Es bietet sich also an, die Küchenhelfer in beiden Größen vorrätig zu haben.
- Manchmal genügt es deinem Kind auch, einfach nur dabei zu sein. Wenn es von der Größe her geht, schaffe eine kleine Ecke für dein Kleinkind, in der es sich sicher bewegen kann (im besten Fall nicht in der Nähe des Herdes). Vermutlich wird es fasziniert sein, Schubladen öffnen und Schüsseln ausräumen. Wenn dein Kind damit

beschäftigt ist, während du in Ruhe kochen kannst, ist das für beide sehr befriedigend. Natürlich sollten dann nur Dinge in Kinderhöhe aufbewahrt werden, die nicht zu Bruch gehen können.

- Ab dem 3. Lebensjahr wird dein Kind immer aktiver mitmachen wollen. Allerdings ist auch das von Kind zu Kind verschieden. Manche Kinder lieben das Helfen in der Küche, andere haben überhaupt kein Interesse daran. Und das ist in beiden Fällen völlig okay und entwicklungsgerecht.
- Ab etwa dem 4. Lebensjahr wird dein Kind bereits komplexere Arbeitsschritte vollziehen können. Dazu gehört das Halten eines Handrührgerätes, das Schichten von Teig in eine Kuchenform oder das Auspressen einer Zitrone. Neben Kraft gehören dazu auch Koordination und eine ausgereiftere Motorik.
- Hat dein Kind also Interesse an all diesen Dingen, nimm es mit auf die kulinarische Reise. Wenn es sich um Arbeitsschritte handelt, die dir zu gefährlich erscheinen, teile dies auch ehrlich mit, ohne dein Kind abzuwerten. Statt *„Du bist noch zu klein für das scharfe Messer“*, sag besser: *„Das Messer ist sehr scharf. Ich habe Sorge, dass du dich damit schneidest. Die Paprika schneide dieses Mal noch ich, du kannst mit deinem Messer in der Zwischenzeit die Banane schneiden.“* Je mehr dein Kind also üben kann und einbezogen wird, desto sicherer wird es auch. Bald kann es dann auch mit einem schärferen Messer schneiden, weil du weißt, es kann sicher damit umgehen.
- Vieles lässt sich auch mit den Händen bearbeiten. Statt zu schneiden kann man oft auch kneten oder reißen. Manches ist zu hart dafür, anderes geht aber gut. Es sieht dann natürlich nicht so akkurat aus, aber das sollte auch nicht im Vordergrund stehen, wenn du mit deinem Kind kochst.
- Erkläre nebenbei, was gerade passiert. Für Kinder ist es faszinierend und oft noch nicht absehbar, was im nächsten Arbeitsschritt passiert. Das kann zu Staunen führen, je nach Alter aber auch zu Enttäuschung (Zucker löst sich auf und ist plötzlich weg!), oder kann euch erschrecken (Plötzlich zischt es laut oder Töpfe klappern!).

- Sei nachsichtig. Prüfe deine eigenen Trigger und übertrage sie bitte nicht aufs Kind. Wenn dein Kind dir hilft, so kann es immer sein, dass auch etwas danebengeht. Das wirst du nicht verhindern können. Es liegt aber schon in deiner Verantwortung, was alles erreichbar für dein Kind ist. Stellst du das Mehl in der großen Schütte in Reichweite, bist du verantwortlich dafür, wenn es umfällt. Oder ausgekippt wird, weil dein Kind es schneien lassen möchte. Mein Tipp: Stelle manche Lebensmittel bereits portioniert auf die Arbeitsfläche. Auch so können Unfälle passieren, aber sie halten sich dann in Grenzen. Dein Kind macht das nicht, um dich zu ärgern. Zum einen ist es noch nicht so geübt und koordiniert wie du, zum anderen überwiegt manchmal die Entdecker- und Experimentierfreude. Wenn ihr gemeinsam am Schluss aufräumt und saubermacht, ist das auch ein guter Abschluss, bei dem dein Kind wiederum etwas lernt.
- Kochen soll Spaß machen. Wenn dein Kind währenddessen das Interesse verliert, ist das okay.

Das lernt dein Kind dabei:

- Feinmotorik (Schneiden etc.)
- Abmessen und Abwiegen; somit auch Maßeinheiten, Gewichte etc.
- bilaterale Koordination, zum Beispiel mit einer Hand eine Schüssel halten, mit der anderen umrühren
- schrittweises Vorgehen
- Zählen und Mengen auf einem Blick wahrnehmen
- verschiedene Lebensmittel, Obst- und Gemüsesorten erkennen
- physikalische Gesetze (Wasser verdunstet, Zucker löst sich auf, harte Nudeln werden weich usw.).
- Farben und Formen
- Konzentration auf eine Sache
- Sinneserfahrungen (Wie fühlt sich etwas an, wie riecht es, wie schmeckt es?)

Das brauchst du dazu:

- Lernturm oder Hocker, sodass dein Kind mit dir auf einer Höhe arbeiten kann
- Küchenhelfer in Kindergröße (kleiner Schneebesen und kleines Brettchen zum Beispiel)
- eine kleine Schüssel, in der dein Kind Obst und Gemüse waschen kann
- Kindermesser, wobei unter Aufsicht auch richtige Messer verwendet werden können (abhängig auch von deinem Wohlfühlfaktor und Sicherheitsempfinden)
- stabile Haushaltshelfer wie z. B. eine Saftpresse aus Metall
- eine Kinderküche, in der das Kochen nachgespielt und verinnerlicht werden kann
- ein Rezeptbuch mit den einzelnen Schritten
- eine gut vorbereitete Arbeitsumgebung (Zutaten in kleine Schüsseln herrichten, alle notwendigen Utensilien bereitlegen, große und freie Arbeitsfläche usw.)
- Wenn du den Platz hast, stelle die Kinderküche deines Kindes in deine Küche. Dein Kind kann jederzeit „Kochen“ anhand eines Rollenspieles nachspielen oder sogar parallel mit dir gemeinsam kochen und so Gelerntes verfestigen.

Gemeinsam essen

Im Alltag habt ihr vermutlich ganz unterschiedliche Essenssituationen. Das Frühstück verläuft unter Umständen anders als das Mittagessen oder Abendessen. Ihr als Familie habt vielleicht schon eure Abläufe und Rituale, vielleicht sucht oder findet ihr sie gerade erst. Manche Abläufe verändern sich auch immer wieder bzw. mit dem Eintritt in neue Lebensphasen (Kita-Start, Geburt eines Geschwisterkindes, Jobwechsel etc.). Nichts ist also in Stein gemeißelt. Dennoch ist es wichtig, dass dein Kind beim Essen ein Gerüst an Strukturen hat, denn Essen ist für dein Kind nicht nur Nahrungsaufnahme, sondern ein unglaublich großes Lernfeld.

Im Baby- und im Kleinkindalter steht das Entdecken im Vordergrund. Essen ist eine sinnliche Erfahrung und sollte als solche auch gesehen werden. Das Erlernen von Tischmanieren kommt später.

Auch im Kleinkind- und Kindergartenalter stehen das Kennenlernen von verschiedenen Nahrungsmitteln und die Experimentierfreude im Vordergrund. Das bedeutet für dich und den Rest der Familie oft: Ihr braucht starke Nerven. Du kannst klare Regeln aufstellen und diese auch kommunizieren, denn natürlich sind auch deine Bedürfnisse wichtig. Der eine kann gut damit umgehen, wenn mit dem Essen gespielt wird, die andere weniger. Versuche hier, Alternativen anzubieten: *„Ich verstehe, dass es Spaß macht, mit dem Kartoffelbrei zu matschen. Lass uns nach dem Essen noch raus in den Sandkasten gehen und matschen, okay?“ „Spannend, wie eine Tomate fliegen kann, richtig? Fliegen finde ich auch spannend. Was hältst du davon, wenn wir später im Wohnzimmer verschiedene Dinge vom Sofa auf den Teppich fliegen lassen?“*

Je nach Alter nimmt dein Kind immer aktiver an den Mahlzeiten teil.

- Mit 2 Jahren wird dein Kind im Umgang mit Besteck immer sicherer. Es kann sicher Gabel und Löffel halten und so langsam klappt es auch, damit zu essen – zu löffeln und Lebensmittel aufzuspießen. Funktioniert das noch nicht, darf gerne noch mit der Hand gegessen werden. Dein Kind startet jetzt auch die ersten Versuche, mit einem Messer zu schneiden.
- Mit 3 Jahren wird dein Kind dabei immer sicherer.
- Ab etwa 4 Jahren gelingt es deinem Kind, sich ein Brot zu schmieren, Gemüse und Obst zu schneiden und kompliziere Vorgänge wie Spaghettiaufdrehen zu meistern.
- Mit 5 und 6 Jahren kann dein Kind in der Regel komplett sicher mit Besteck essen. Vorausgesetzt natürlich, es durfte schon sehr früh damit üben. Außerdem wird es immer sicherer, Portionsgrößen einzuschätzen und sich einfache Mahlzeiten wie Müsli selbst zuzu-

bereiten. In diesem Alter lernt es auch mit Haushaltsgeräten wie Toaster und Mikrowelle umzugehen.

ACHTUNG: ESSEN OHNE ZWANG UND DRUCK

Essen soll Spaß machen. Natürlich ist es wichtig, dass dein Kind gesund und ausreichend ernährt wird. Dies zu gewährleisten, liegt in deiner Fürsorgepflicht. Es gibt aber immer wieder Phasen, in denen dein Kind mehr oder weniger essen will als sonst. Manche Kinder bevorzugen im Kleinkindalter nur Nahrungsmittel einer bestimmten Farbe oder lehnen eine bestimmte Farbe gänzlich ab – oft Grün. Das ist evolutionär bedingt, denn Grün ist in der Natur oft eine Signalfarbe für „unreif" und „bitter". Manche Kinder beschränken ihr Essen auf nur ein oder zwei Lebensmittel. Die berühmten nackten Nudeln (also Nudeln ohne Soße) sind hier das beste Beispiel.

Sei unbesorgt: Dein Kind holt sich, was es braucht. Isst es über einen gewissen Zeitraum nur sehr eingeschränkt, bekommt es nicht sofort Mangelerscheinungen. Du kannst ihm immer wieder verschiedene Nahrungsmittel anbieten und es zum Probieren animieren, aber bitte übe keinen Druck aus. Essen sollte immer ohne Zwang und Druck ablaufen und nie mit schlechten Gefühlen verbunden sein.

Gerade in der Autonomiephase essen Kinder oft sehr eingeschränkt und verändern ihr Essverhalten. Hilf deinem Kind dann dabei, beim Essen mutiger und experimentierfreudiger zu werden. Ihr könnt bzw. du kannst:

- gemeinsam einkaufen und Lebensmittel z. B. auf dem Markt gemeinsam aussuchen.
- Obst und Gemüse als Smoothie anbieten und diesen gemeinsam mit deinem Kind zubereiten.

- überlegen, welche Nahrungsmittel es z. B. in der bevorzugten oder auch abgelehnten Farbe noch alles gibt (z. B. Grün: Äpfel, Gurke, Zucchini, Birnen, Brokkoli usw.) und wie man diese unterschiedlich zubereiten kann.
- gemeinsam Bilderbücher zum Thema Essen, Obst, Gemüse etc. anschauen.
- wenn es die Möglichkeit gibt, selbst Obst und Gemüse anbauen und gemeinsam ernten.
- gemeinsam kochen und die Mahlzeiten zusammen zubereiten.
- zulassen, weiterhin mit den Händen zu essen.
- Hilfreich ist es auch, das Essen für dein Kind einzeln anzubieten und dein Kind kombinieren zu lassen. Fülle, wenn es geht, deinem Kind die Komponenten in kleine Schüsseln und lasse es selbst wählen, was es davon essen möchte und/oder wie es diese kombiniert.

So könnt ihr das Essen zusammen gestalten:

- Ihr könnt zuerst gemeinsam den Tisch decken. Deinem Kleinkind fällt es leichter, wenn es von dir gelernt hat, wo welches Geschirr hinkommt. Du kannst die Umrisse von Teller, Glas und Besteck auf eine Unterlage malen und diese auf den Platz deines Kindes legen. Solche Matten gibt es auch fertig zu kaufen. Es geht natürlich auch ohne Matte und nur durch Abschauen und Verinnerlichen. Ältere Kinder sind da schon geübter und können selbstständig den Tisch decken.
- Stelle Geschirr zur Verfügung, mit dem dein Kind selbstständig an den Mahlzeiten teilnehmen kann. Das kann zum Beispiel eine kleine Kanne sein, aus der dein Kind sich selbstständig einschenken kann, oder eine kleine Kelle für die Suppe. Wenn du Glasschüsseln benutzt, hat dein Kind zusätzlich die Möglichkeit zu erkennen, was sich auf dem Tisch befindet, und danach auszuwählen. Zähle zu Beginn eurer Mahlzeit auch auf, was es alles gibt, sodass das Kind einen Überblick hat.

- In vielen Krippen werden Kinder bereits im Alter von 1–3 Jahren beim Essen in ihrer Selbstständigkeit gefördert, indem sie auch dort genau diese Schritte selbst gehen dürfen. Das möchten sie natürlich auch zu Hause machen und sollten dabei nicht gebremst werden. Du wirst sehen: Wenn du dich darauf einlässt und es deinem Kind auch zutraust, wird es sehr schnell sehr sicher mit Kanne und Schöpflöffel umgehen können.
- Natürlich wird am Anfang auch einiges danebengehen. Bitte schimpfe dann nicht mit deinem Kind, sondern ermutige es, es einfach noch mal zu probieren. Abwaschbare Tischdecken sind ideal, um solche Unfälle schnell wegwischen zu können.
- Überlegt außerdem gemeinsam, welche Faktoren dazu führen können, das Erlebnis „Essen“ zu einem positiv besetzten Ereignis werden zu lassen.
- Hilfreich ist dabei zu schauen, was für euch als Familie passt. Wollt ihr alle Hauptmahlzeiten zusammen einnehmen? Deckt ihr den Tisch gemeinsam? Gibt es vielleicht einen Spruch oder ein Gebet, das ihr vor dem Essen aufsagt? Wie handhabt ihr es mit Medien am Tisch?
- Überlegt gemeinsam, welche Punkte euch wichtig sind. Schaffe mit deinem Kind am Tisch einen Wohlfühlort. Dabei helfen Regeln wie: Es gibt keine Medien und kein Spielzeug am Tisch. Wer satt ist, muss nicht aufessen. Wer fertig ist, darf aufstehen.
- Es ist für ein Kind im Kindergartenalter sehr schwierig, lange am Tisch zu sitzen, vor allem, wenn es nichts mehr zu tun hat, also bereits fertig mit dem Essen ist. Erlaubst du, dass es aufstehen kann, entspannst du die Situation für alle – für dein Kind und alle anderen, die noch weiter am Tisch sitzen bleiben und weiteressen möchten.

HUNGERGEFÜHL SELBST EINSCHÄTZEN

Ein zentrales Thema in der Ernährung ist, das persönliche Sättigungsgefühl gut einschätzen zu können. Mit seiner Hilfe sendet uns unser Körper ein Signal, wann er genug hat. Dieses Gefühl zu respektieren ist wichtig, um eine gesunde Beziehung zu Essen und angemessener Portionierung entwickeln zu können.

Das muss aber erst erlernt und erfahren werden. Wenn du deinem Kind die Portionen auf den Teller gibst und sogar darauf bestehst, dass es aufessen muss, wird es das nie lernen. Wenn dein Kind sein Sättigungsgefühl gut wahrnimmt, kann es auch selbstbestimmt entscheiden, wann genug ist. Dieses sichere Einschätzen kann dazu beitragen, das Risiko von Übergewicht, aber auch die Entwicklung von Essstörungen zu minimieren.

Auch Kleinkinder können schon gut einschätzen, wie groß ihr Hunger ist. Natürlich nicht von Anfang an, aber du wirst sehen, wie sicher dein Kind wird, wenn du es lässt. Natürlich wird es am Anfang oder auch zwischendurch immer mal wieder Portionen nicht richtig einschätzen können und sich Berge von Spaghetti auf den Teller häufen. Hier hilft der Perspektivwechsel: Das ist uns bei unserem Lieblingsessen doch auch schon passiert. Wichtig ist trotzdem, dem Kind zu vermitteln, dass es sich besser erst mal etwas weniger auf den Teller schöpft und dann noch jederzeit nachholen kann. Nachhaltigkeit und ein verantwortungsvoller Umgang mit Essen spielen dabei auch eine Rolle, und schon sehr kleine Kinder können das verstehen. Es sollte nur kein Dogma sein und kein Drama, wenn mal etwas schiefgeht und dein Kind dann doch nicht mehr schafft, was es auf dem Teller hat.

ACHTUNG: SEI NICHT ÜBERGRIFFIG

Fahre deinem Kind bitte nie unangekündigt mit einem Tuch übers Gesicht. Das ist für dein Kind erschreckend und fühlt sich übergriffig an. Stell dir einfach vor, es würde plötzlich jemand mit einem nassen Lappen in deinem Gesicht herumfahren. Das ist sehr unangenehm. Schon kleinen Kindern kann man ein Feuchttuch oder einen feuchten Waschlappen bereitlegen, sodass sie sich selbst das Gesicht und die Hände abputzen können. Vielleicht liegt sogar ein Handspiegel in der Nähe des Esstischs bereit, sodass dein Kind sich dabei sehen kann und ihr zusammen über die lustigen Soßenflecken im Gesicht schmunzeln könnt.

Das lernt dein Kind dabei:

- Einschätzen von Gefühlen und Vorgängen im Körper (Sättigungsgefühl)
- Selbstverantwortung
- Feinmotorik (Halten und Einsetzen von Messer und Gabel)
- Koordination von Händen und Mund
- Nahrungsmittel und deren Konsistenz und Aussehen
- Sinneserfahrungen und Gegensätze (Gerüche, heiß und kalt)
- Autonomie

Das brauchst du dazu:

- einen Sitz am Esstisch auf Augenhöhe; in der Regel einen Hochstuhl oder Stuhl in geeigneter Höhe
- kindgerechtes Besteck
- (Glas-)Geschirr. Ja, Glas kann kaputtgehen, aber dein Kind sieht so, was in einem Gefäß enthalten ist. Somit bekommt es Sicherheit und das Gefühl von Kontrolle. Das gilt auch für Auflaufformen auf dem Tisch.
- rutschfeste Unterlage oder rutschfestes Geschirr

- Schüsseln für einzelne Nahrungskomponenten
- kindgerechte Schöpflöffel und kleine Kannen
- abwaschbare Unterlagen; vielleicht auch unter dem Stuhl

Gemeinsam abwaschen

Nach dem Essen kommt zwangsläufig das Aufräumen und Saubermachen. Auch hier kann dein Kind gut mithelfen. Je älter es ist, desto mehr eigene Aufgaben kann es übernehmen, zum Beispiel das Aus- oder Einräumen der Spülmaschine. Natürlich muss es vorher die Gelegenheit bekommen haben, dies mit dir zu üben.

So könnt ihr den Abwasch zusammen gestalten:

Dein Kind lernt von dir. Es übernimmt automatisch Regeln und Abläufe, wenn du es ihm vorlebst. Lässt du also das Geschirr nach dem Essen auf dem Esstisch stehen, wird dein Kind keine Notwendigkeit sehen, es in die Küche zu tragen. Du bist also verantwortlich für den Ablauf nach dem Essen. Dein Kind kann dabei viele Aufgaben übernehmen, zum Beispiel:

- Geschirr in die Küche tragen
- Spülmaschine ein- und ausräumen
- Tisch abwischen
- Küche aufräumen
- mit einem kleinen Handstaubsauer unter dem Tisch saugen

Schwere Töpfe kann dein Kind noch nicht tragen, scharfe Messer sind zu gefährlich. Eine Schüssel kann es jedoch schon im Kleinkindalter in den Schrank oder zumindest in die Küche räumen.

Für den Abwasch kannst du deinem Kind Wasser ins Waschbecken einlaufen lassen oder du füllst Wasser in eine extra Schüssel. Leichtes Geschirr kann dein Kind dann eigenständig abwaschen. Auch Abtrocknen ist für Kinder im Kindergartenalter absolut machbar.

Das lernt dein Kind dabei:

- Ordnungssinn
- Verantwortung
- Sauberkeitsempfinden
- Regeln
- Abläufe
- Koordination (zum Beispiel beim Einräumen der Spülmaschine)
- Umgang mit Wasser und Schaum beim Spülen

Das brauchst du dazu:

- Schubladen und Schränke, die dein Kind gut erreichen kann
- Putzlappen für den Tisch für dein Kind
- einen Hocker oder Lernturm, sodass dein Kind gut an das Spülbecken kommt; alternativ eine Waschschüssel
- dich als Vorbild

Gemeinsam aufräumen

Ein Thema, das nicht selten zu Konflikten führt: das Aufräumen. Jedes Mitglied deiner Familie wird vermutlich eine andere Vorstellung von Ordnung haben. Das kann schon innerhalb einer Partnerschaft schwierig werden. Oder denk dich in eine Wohngemeinschaft, da prallen auch oft unterschiedliche Vorstellungen aufeinander. Je klarer die eigenen Vorstellungen und Bedürfnisse sind und je besser diese auch allen bekannt sind, desto einfacher lassen sich auch für dieses Thema Lösungen oder Kompromisse finden, mit denen sich jeder und jede wohlfühlen kann.

Dein Kind hat ebenfalls eine eigene Vorstellung von Ordnung. Es ist neugierig und möchte die Welt auch zu Hause entdecken. Dazu braucht es oft viele Spielsachen, die dann wahllos herausgerissen werden. Wahllos? So kommt es dir vor. Dein Kind aber verfolgt ein Ziel und hat eine Vorstellung von dem, was es da gerade tut. Das vermeintliche Chaos auf dem Boden kann eine Lavalandschaft sein oder ein Wimmelbild oder sonst etwas, was für dein Kind absolut Sinn ergibt. Es braucht in diesem Moment all diese Dinge und kann nicht verstehen, warum du das nicht verstehst. Dazu kommt, dass ein Kind den Fokus auf das Jetzt legt: Es möchte von einem Spiel ins andere wechseln, und zwar sofort. Aufräumen würde nur stören und hat keine Priorität.

Es ist also deine Priorität. Dich stört die Unordnung. Eigentlich wäre es jetzt nur fair, wenn auch du das Aufräumen übernehmen würdest – eigentlich, denn wir sind uns, glaube ich, darin einig, dass Kinder lernen müssen, aufzuräumen.

ACHTUNG: ZERSTÖRE NICHTS

Räume aufgebaute Landschaften oder Szenarien deines Kindes bitte erst nach dem Spiel deines Kindes und in Absprache mit ihm weg. Bitte zerstöre keine Bauten deines Kindes einfach so. Damit würdest du die Arbeit deines Kindes einfach so zunichtemachen. Das kann sich für dein Kind dramatisch anfühlen. Es hat sich ja etwas dabei gedacht, daran getüftelt, geduldig gebaut und etwas erschaffen. Du solltest also respektvoll und achtsam damit umgehen. Stell dir vor, du sitzt tagelang an einem Puzzle am Esstisch und dein Partner oder deine Partnerin wischt eines Abends plötzlich alle fertig gelegten Puzzleteile in die Schachtel zurück, weil er oder sie heute den Platz am Esstisch braucht. Für dein Kind würde es sich ähnlich anfühlen. Wenn dir etwas aber zu viel im Wohnzimmer wird, dann findet Lösungen und Kompromisse.

Ein klares und aufgeräumtes Kinderzimmer oder Wohnzimmer gibt auch wieder die Chance, eine neue kreative Welt zu erschaffen. Spiele mit Figuren etc. sollten zusammenbleiben, sodass das Spiel immer wieder gespielt werden kann. Und natürlich ist es auch wichtig, dass Kinder eine gewisse Ordnung lernen. Die Frage ist nur, wie?

So könnt ihr das Aufräumen zusammen gestalten:

- Sei wie immer ein Vorbild. Wenn es in eurem Zuhause generell unordentlich ist und du ebenfalls ständig deine Sachen herumliegen lässt, ist es für dein Kind schwer, die Notwendigkeit im Aufräumen zu sehen.
- Den Grad der Ordnung legt ihr als Familie fest. Manche stört bereits eine Kleinigkeit auf dem Esstisch, andere fühlen sich in einem gemütlichen Chaos erst wohl. Sauber sollte es natürlich immer sein, das ist klar.
- Je früher du damit beginnst, dein Kind ins Aufräumen und Ordnunghalten einzubeziehen, desto nachhaltiger kann es das lernen. Selbst Kinder unter 2 Jahren können schon gut beim Aufräumen helfen und zum Beispiel Kuscheltiere in eine Kiste legen.
- Der Vorschlag, dass du aufräumst, wenn es dir zu unordentlich ist, war ernst gemeint. Immerhin ist es ja dir zu unordentlich.
- Kündige das Aufräumen an. *„Es wird jetzt Zeit, dich bettfertig zu machen. Du kannst spielen, solange das Lied läuft. Dann helfe ich dir, aufzuräumen."*
- Eine andere Möglichkeit wäre ein Aufräumlied zur Einleitung des Aufräumvorgangs und zum Ende des Spiels.
- Organisiere Aufbewahrungsmöglichkeiten, die es für dein Kind leichter machen und die natürlich auch für dein Kind gut zugänglich sind. Du kannst die Boxen, Schachteln oder Schubladen mit Bildern der Gegenstände versehen, die dort hineingehören, zum Beispiel Bauklötze, Autos, Puzzles und so weiter.
- Verbinde das Aufräumen mit einer angenehmen Sache, die dein Kind gerne mag und/oder lustig findet. Du kannst dir eine Geschichte ausdenken, in der verschiedene Teile gefunden werden müssen, ihr könnt ein Lied dabei singen oder tanzend aufräumen. Das Aufräumen könnte wie eine Schatzsuche aussehen oder ihr wettet, wer schneller ist: du mit den Autos oder dein Kind mit den Kuscheltieren. Oder wer am meisten Spielsachen in den nächsten fünf Minuten findet und aufräumt. Der Kreativität sind dabei keine Grenzen gesetzt.

- Mach Aufräumen zur Routine. Räumt am Abend immer gemeinsam auf, macht den Maltisch nach dem Basteln und Malen sauber und so weiter. Auch hier helfen Boxen für alle Utensilien. Dein Kind weiß genau, wo etwas hingehört, und das erleichtert beim nächsten Mal natürlich auch das Herausnehmen.
- Werde konkret: Ein Kleinkind kann mit der Aufforderung, aufzuräumen, noch wenig anfangen. Das ist zu abstrakt. Formuliere so, dass dein Kind damit etwas anfangen kann, zum Beispiel: *„Die Kuscheltiere sind jetzt auch alle müde. Hilfst du ihnen, zurück in die Kiste zu hoppeln, springen, hüpfen?“* oder *„Schau mal, deine Autos möchten sich jetzt gerne auch ausruhen. Lässt du sie in ihre Garage auf dem Regal fahren?“*

Dein Kind beobachtet also: Mama oder Papa ist es zu unordentlich, als Konsequenz räumen sie auf. Danach ist mein Zimmer wieder ordentlich und ich finde meine Spielsachen schneller wieder. Sie schauen sich solche Prozesse bei euch ab, ihr müsst sie nur vorleben. Irgendwann wird dein Kind beginnen, dir zu helfen. Gemeinsam wird es auch einfacher für dein Kind.

Denn: Aufräumen ist immer ein Abschied vom oder zumindest eine Unterbrechung beim Spielen. Macht ihr das gemeinsam, erleichterst du deinem Kind diese Situation.

IM WOHNZIMMER WOHNEN ALLE

Grundsätzlich gilt, dass Kinder bis zum Schulanfang ungern allein in einem Zimmer spielen. Natürlich wünschen sie sich hin und wieder einen Rückzugsort und es ist wichtig, dass dein Kind diesen Raum auch hat. Aber es sucht noch sehr oft deine Nähe und hält sich gerne dort auf, wo auch der Rest der Familie ist: im Wohnzimmer. Und ob das nun allen „gehört“ oder spielfreie Zone sein sollte, daran scheiden sich die Geister.

Aber denk mal an dich: In diesem Zimmer hast du vermutlich neben dem klassischen Wohnzimmermobiliar auch persönliche Dinge liegen: das Buch, das du gerade liest, deine Brille, eine Zeitschrift, vielleicht deinen Laptop, dein Handy und so weiter. Dein Kind braucht ebenfalls Sachen, mit denen es sich beschäftigen kann.

Um trotzdem eine gewisse Grundordnung zu halten und das Wohnzimmer nicht ausschließlich zum Spielzimmer werden zu lassen, bietet es sich an, deinem Kind Platz und Raum nur für sich zu lassen, wo es seine Spielsachen im Wohnzimmer aufbewahren kann. Das kann eine kleine Ecke im Bücherregal für Kinderbücher sein, eine Schublade oder ein Fach im Wohnzimmerschrank. Auch hier gelten die Regeln aus dem Kinderzimmer: Dein Kind räumt auf, wenn es mit Spielen fertig ist.

Besprecht Ausnahmen: Baut dein Kind gerade mit seinem Lego oder kreiert etwas Größeres und möchte am nächsten Tag weiterspielen, wäre es natürlich sehr traurig, wenn es dann von vorne anfangen müsste. Klärt also ab, was stehen bleiben darf und was aufgeräumt werden muss (Bauwerke dürfen stehen bleiben, lose Legosteine kommen in die Box).

Je klarer diese Regeln sind, desto einfacher kann dein Kind sie auch umsetzen. Es muss das Aufräumen aber, wie alles andere, auch erst lernen. Nicht selten verliert es mittendrin vielleicht das Interesse, dann machst du allein weiter. Dein Kind macht dies nicht mutwillig – es ist einfach je nach Alter noch nicht in der Lage, sich lange auf eine Sache zu konzentrieren. Es lernt von dir aber, wie es geht und dass es dir wichtig ist. Und: Regeln können von Zeit zu Zeit auch überdacht und angepasst werden.

Das lernt dein Kind dabei:

- Struktur und Sicherheit durch Aufräumen und eine gewisse Ordnung
- Verantwortungsgefühl
- Verbindlichkeit
- Rücksicht auf andere Familienmitglieder

Das brauchst du dazu:

- Ordnungssysteme wie Körbe etc.
- Schubladen mit Bildern der Spielsachen etc.
- eigene Bereiche für dein Kind, zum Beispiel eine Leseecke im Wohnzimmer

Gemeinsam Wäsche waschen

Was dein Kind im Teenageralter vermutlich nicht mehr so spannend findet und was oft Konflikte auslöst, ist für dein Kind im Alter zwischen 2 und 6 Jahren noch eine sehr faszinierende Alltagsaufgabe: Wäschewaschen! Du wirst staunen, welche wichtigen Lernfelder die Zwischenschritte bis zur gewaschenen Wäsche beinhalten.

So könnt ihr das Wäschewaschen zusammen gestalten:

- Wäschewaschen beginnt nicht erst mit dem Prozess an sich, sondern mit der Vorbereitung. Suche mit deinem Kind einen schönen Wäschekorb aus, in den es seine schmutzige Wäsche hineinwerfen kann, oder erkläre ihm dein Sortiersystem.
- Wäschekörbe bieten sich für viele Spiele an, sie können zum Beispiel zum Renngefährt oder Boot umfunktioniert werden. Kleinere Kinder lassen sich wie Wäsche auch gerne darin tragen. Lass das zu, wenn es für dich passt. Möchtest du das nicht, ist das auch okay, kommuniziere aber kindgerecht und klar, warum du es nicht möchtest: *„Ich kann verstehen, dass du damit viel Spaß hast. Ich aber habe Sorge, dass der Korb dabei kaputtgeht. Bitte nimm dein Bobbycar.“*

ACHTUNG: WASCHMITTEL IST GEFÄHRLICH

Wenn dein Kind nur eine kleine Dosis Waschmittel verschluckt, kann das bereits lebensgefährlich oder sogar tödlich für dein Kind sein. Besprecht klar die Regeln für eure Waschküche (oder wo auch immer die Waschmaschine steht). Niemand darf hier etwas in den Mund nehmen, Knöpfe darf man nur nach Absprache drücken usw. Dabei kann ein gemalter Ablaufplan mit genauen Hinweisen darauf helfen, was dein Kind darf und was nicht. Mach deinem Kind nicht unnötig Angst, aber weise klar auf Gefahren hin.

- In der Waschküche selbst kann dir dein Kind bereits im Kleinkindalter viel helfen: die Wäsche nach Farbe zu sortieren und die Waschmaschine mit der Kleidung zu befüllen zum Beispiel. Mit deiner Hilfe kann es sogar den Startknopf der Waschmaschine betätigen.
- Ist die Wäsche fertig, könnt ihr sie gemeinsam aufhängen. Wenn dein Wäscheständer noch zu hoch ist, kannst du einen Kinderwäscheständer kaufen, eine Wäscheleine in Kinderhöhe montieren oder einen gut erreichbaren Teil deines Wäscheständers zur Verfügung stellen. Hast du einen Trockner, so kann dein Kind die Wäsche in den Trockner werfen.
- Nach dem Trocknen könnt ihr die Wäsche zusammen abnehmen und ab Kindergartenalter auch zusammen falten. Beginne mit sehr einfachen Dingen und steigere die Auswahl. Ab dem Vorschulalter kann dein Kind seine eigenen Kleider in die Schubladen und Schränke räumen.
- Gestalte den Prozess spielerisch. Gab es ein Sockenmonster und ihr müsst auf Sockensuche gehen? Findet heraus, ob ihr mit Sockenpaaren oder anderen gleichen Kleidungsstücken Memory spielen könnt. Schafft ihr es, gleiche Kleidung zu sortieren? Also Hemd zu Hemd, Shirt zu Shirt? Wie viele Hemden hat Papa? Und wie viele Socken hat dein Kind?

Das lernt dein Kind dabei:

- Farben und auch Formen kennenzulernen
- Motorische Fähigkeiten wie zum Beispiel beim Wäscheaufhängen
- das Benutzen und den Umgang mit Wäscheklammern
- Kennenlernen und Benennen von Kleidungsstücken
- technisches Verständnis wie Knöpfe drücken
- Sortieren, Zugehörigkeiten zu erkennen
- Mathematisches Verständnis beim Zählen
- Paare zu suchen

Das brauchst du dazu:

- Wäscheleine auf Augenhöhe oder Kinderwäscheständer
- Wäschekörbe
- eventuell einen Hocker, um an den Startknopf der Waschmaschine zu kommen.

Gemeinsam putzen

Wie bei allen anderen Haushaltsaufgaben gilt auch beim Putzen: Je früher du damit anfängst, dein Kind zu involvieren, desto geläufiger werden die Abläufe und desto mehr verinnerlicht dein Kind, dass es sich dabei um Dinge handelt, die regelmäßig gemacht werden müssen und zum Alltag dazugehören. Was für dich eine lästige Pflicht ist, ist für dein Kind eine absolute Kür. Viele Kinder lieben es bereits als Kleinkinder, beim Putzen zu helfen. Wunderbar, in den seltensten Fällen wirst du dein Kind animieren müssen, dir zu helfen. Manche Kinder helfen auch in der Kita beim Putzen, in manchen Einrichtungen gehört es sogar zum Konzept, die Kinder in solche Tätigkeiten einzubeziehen. Und sie lieben es!

Sicherlich wird es Phasen geben, in denen dein Kind keine Lust hat. Das ist okay! Kleinere Kinder sollte man dann auch nicht drängen; am nächsten Tag kann es bereits wieder ganz anders aussehen. Es soll ja Spaß machen und sie sollen spielerisch herangeführt werden.

Ältere Kinder dürfen aber gerne auch beim Putzen ins Familiensystem eingebunden werden und kleine Aufgaben übernehmen.

KEINE LUST

- Frag dich, ob es wirklich dringend nötig ist, dass ausgerechnet jetzt geputzt werden muss. Vielleicht kann es auch bis morgen warten. Besprich das mit deinem Kind. (*„Das ist deine Aufgabe und ich möchte sie ungern für dich übernehmen. Für mich ist es aber okay, wenn du sie morgen erledigst. Ich helfe dir auch dabei. Ist das ein Deal?"*) So nimmst du dein Kind ernst, bindest es aber trotzdem in die Verantwortung mit ein.
- Stelle dein Kind vor die Wahl: *„Möchtest du lieber saugen oder Staub wischen?"* So gibst du deinem Kind das Gefühl, selbst entschieden zu haben, was es macht.
- Versprühe gute Laune. Lasst laute Musik beim Putzen laufen oder tanzt mit dem Staubsauger!

So könnt ihr das Putzen zusammen gestalten:
Putzen gehört dazu und ist nun mal nötig, um ein sauberes und somit hygienisches Zuhause zu haben. Je entspannter und positiver du an die Sache herangehst, desto länger bleibt auch deinem Kind der Spaß daran erhalten.

- Du bist auch hier Vorbild und zeigst deinem Kind, wie es geht. Bereits sehr kleine Kinder lieben es, mit einem Lappen den Esstisch zu putzen, wenn etwas verschüttet wurde. Was passiert da in deinem Kind? Dein Kind kann es ganz allein schaffen, etwas wieder trocken oder sauber werden zu lassen. Das ist wie Zauberei!
- Darauf kannst du aufbauen und immer mehr Fertigkeiten vermitteln. Erkläre klar, welche Schritte zuerst gemacht werden und was es dazu braucht.

ACHTUNG: PUTZMITTEL SIND GEFÄHRLICH

Erkläre auch hier die Gefahren, allerdings ohne zu animieren. Bei Gefahr sind klare Ansagen wichtig, *„Das Putzmittel blubbert dann in deinem Bauch"* macht die Sache erst recht interessant. Besser ist: *„Putzmittel sind nur zum Putzen da und können gefährlich für dich sein. Nur Mama oder Papa öffnet diese Flasche."*

- Übertrage früh selbstständige Aufgaben. Staub wischen zum Beispiel können auch schon sehr kleine Kinder. Diese Erfolgserlebnisse prägen dein Kind.
- Wählt die Haushaltshilfen gemeinsam aus: Ein buntes Putztuch zum Beispiel macht gute Laune. Putzlappen aus alten Handtüchern sind nicht nur nachhaltig, sondern binden dein Kind schon von Anfang an mit ein, und das Herstellen macht auch Spaß. Damit putzt es sich auch gleich viel leichter.
- Macht auch hier ein Spiel daraus. Je nach Alter kann dein Kind wie erwähnt bestimmte Dinge schon allein machen, aber wer ist schneller? Wer schafft es, die meisten Gegenstände abzustauben? (Achtung, dass aus schnell nicht unachtsam wird.) Wessen Zimmer ist schneller gesaugt?
- Verzichte auf Perfektion. Euer Haus ist keine Musterwohnung. Bestärke dein Kind in dem, was es tut, und wische im Zweifel noch mal nach.

Das lernt dein Kind dabei:

- Hygieneempfinden
- Verantwortungsgefühl
- Feinmotorik
- Benutzung von verschiedenen Materialien und Reinigungselementen (Schwamm, Tuch, mit oder ohne Wasser etc.)
- Abläufe und Routinen

Das brauchst du dazu:

- kindgerechte Ausrüstung (bunte Schwämme etc.) in entsprechender Größe
- Hilfsmittel, die deinem Kind helfen, die zu putzenden Elemente zu erreichen, z. B. Tritt für das Waschbecken

Am Abend

Jeder Tage geht irgendwann zu Ende – diesem Punkt in eurer Alltagsroutine widmen wir uns jetzt. Vermutlich habt ihr im Laufe der Jahre schon mal die Abläufe verändert und an das Alter deines Kindes angepasst. Je älter dein Kind wird, desto mehr wirst du es selbstständig machen lassen und die Abläufe an manchen Stellen selbst bestimmen lassen können.

Bei den Abendroutinen im Bad kannst du viel vom Morgen übernehmen, also die Zugänglichkeit zum Waschbecken, die eigenen Produkte, das Handtuch in Reichweite und so weiter. Der Abend bringt aber auch seine eigenen Herausforderungen mit sich.

Vom Spiel zur Abendroutine

Ich schreibe hier von Abendroutine, denn oft sind es wiederkehrende Abläufe, die am Abend stattfinden. Allerdings bleibt es natürlich dir und deiner Familie überlassen, inwieweit ihr Routinen braucht. Wenn es für dich und dein Kind okay ist, dann könnt ihr jeden Abend anders gestalten. Manche Kinder brauchen eine gewissen Struktur, um zu wissen, was nun passiert. Andere Kinder wiederum legen keinen Wert darauf und passen sich den unterschiedlichen Situationen und Abläufen gut an. Was für dich und deine Familie gut passt, wirst du am besten wissen, und so macht ihr das dann auch.

So könnt ihr euren Abend zusammen gestalten:

- Gib deinem Kind die Möglichkeit, auch noch am Abend selbstbestimmt zu sein. Es kann zum Beispiel entscheiden, welches Buch noch gelesen wird oder welches Spiel ihr zusammen spielt.

DER GUTE-NACHT-KORB:

Ein guter Tipp aus dem Buch „Ich kann schon schlafen" von Caroline Bechmann und Dominique Reimer: Dein Kind kann täglich oder wöchentlich Dinge in einen Korb oder eine Box legen, die es gerne am Abend noch machen möchte. Das kann ein ruhiges Spiel, ein Puzzle oder ein Buch sein. Jeden Abend darf sich dein Kind daraus etwas nehmen und so zur Ruhe kommen.

- Besprecht gemeinsam die Abendgestaltung: Was muss gemacht werden? Was ist wichtig? (z. B. Schlafanzug anziehen, Zähne putzen, vorlesen). Dein Kind kann bezüglich der Gestaltung Vorschläge machen und fühlt sich so wichtig und ernst genommen.
- Auch hier hilft die Visualisierung mithilfe von Bilderkarten oder dem Wochenplan. Lass dein Kind so viel wie möglich selbst entscheiden, sich den Schlafanzug selbst raussuchen und so weiter.
- Sei aber klar, was nicht geht: Die Zähne nicht zu putzen, ist keine Option.
- Kündige den Ausklang des Tages an. Nichts ist schlimmer, als urplötzlich aus dem Spiel gerissen zu werden. Das führt verständlicherweise zu Frust und Tränen. Die Ankündigung kann mit Worten oder einem Klang geschehen, nur eben so, dass dein Kind weiß: Jetzt geht es zur Abendroutine über, der Tag ist nun zu Ende.
- Höre deinem Kind zu. Vielleicht ist es wirklich noch nicht müde und braucht noch etwas anderes, eine Aktivität zum Runterkommen zum Beispiel. Oder euer Tagesablauf hat sich geändert und das wirkt sich auf die Schlafenszeit aus – der Wegfall des Mittags-

schlafs könnte so ein Grund sein. Dann schaut gemeinsam, ob ihr die Zeiten am Abend auch variiert und verändert.

- Denn lieber spielt dein Kind noch eine halbe Stunde länger und wird dabei müde, als dass ihr euch beide diese halbe Stunde durch die Einschlafbegleitung quält.

Das lernt dein Kind dabei:

- Sorge zu tragen für das eigene Wohlbefinden (Schlaf)
- Selbstbestimmung
- Abläufe und Routinen

Das brauchst du dazu:

- Spiele, Bücher, Puzzle etc. für die Abendroutine
- Ein Körbchen, wenn dir das Gute-Nacht-Körbchen gefallen hat
- Klangschale o. Ä., um den Abend einzuläuten

Zähneputzen

In vielen Familien ist das Zähneputzen ein Thema, das oft zu Konflikten am Abend (und am Morgen) führt. Es ist wichtig und muss erledigt werden, um gesunde Zähne zu haben. Du als Elternteil trägst die Fürsorge für dein Kind und nicht selten musst du einen harten Kampf kämpfen. Wie ihr diese Situation trotzdem gemeinsam meistern könnt, erfährst du im nächsten Abschnitt. Dein Kind hat zwar keinen freien Entscheidungsspielraum, ob die Zähne geputzt werden, sehr wohl aber wie und wo.

So könnt ihr das Zähneputzen zusammen gestalten:

- Verwandle das Zähneputzen in ein Spiel. Jagt fiese Kariesmonster, macht Frühjahrsputz im Mund oder lass dein Kind im Rhythmus eines Liedes putzen.
- Wenn es für dich in Ordnung ist, biete eine Zahnputzapp auf dem Handy oder Tablet an.

- Lass dein Kind entscheiden, wo geputzt wird. Das Bad muss nicht zwangsläufig der einzige Ort sein. Zähne können auch im Bett, auf dem Teppich oder im Garten geputzt werden. Oder in einer anderen Haltung. Auf dir liegend mit Buch in der Hand zum Beispiel. Das macht für die Zähne keinen Unterschied.
- Lass dein Kind vieles mitbestimmen, also zum Beispiel die Farbe der Zahnbürste oder die Zahnpasta, ob es ein gelber oder roter Becher zum Nachspülen sein soll oder ob die Zeit mit einer kleinen Eieruhr vorgegeben wird.
- Überlegt zusammen, ob der von dir gewählte Zeitpunkt passend ist. Meistens bietet sich am Morgen oder am Abend vor dem Zubettgehen an. Es kann aber sein, dass dein Kind das Zähneputzen mit dem Zubettgehen verbindet (was ja dann auch stimmt) und nur deshalb nicht putzt, weil es nicht ins Bett will. Hier hilft entweder das Gespräch oder eine sehr sensible Antenne. Versuch mal, zu einem anderen Zeitpunkt zu putzen. Klappt das gut, ist es nicht das Putzen an sich. Du kannst deinem Kind anbieten, dass es nicht sofort nach dem Putzen ins Bett muss, sondern dann noch spielen darf. Es sollte nach dem Zähneputzen nur nichts mehr essen.
- Putzt zusammen. Du als Vorbild zeigst deinem Kind, wie wichtig es ist, sich regelmäßig die Zähne zu putzen.
- Mach alles, was dein Kind dafür braucht, zugänglich.
- Lass dein Kind vor einem Spiegel putzen. So kann es direkt beobachten, was es tut.
- Schneidet dabei lustige Grimassen oder macht Töne dazu, denn Zähneputzen kann auch Spaß machen.
- Lass dein Kind deine Zähne putzen. So bekommt es Wertschätzung, denn nicht nur du putzt nach, sondern auch dein Kind darf das bei dir tun. Und du bekommst ein Gefühl dafür, wie unangenehm es sein kann, wenn jemand anderes deine Zähne putzt.
- Schaut Bilderbücher zum Thema an.
- Putzt gemeinsam einem Kuscheltier oder der Lieblingspuppe die Zähne. Du kannst auch ein lustiges Gesicht mit Zähnen malen, es

laminieren, mit wasserlöslichem Stift „Karies“ aufmalen und dein Kind mit einer echten (alten) Zahnbürste die Zähne putzen lassen.

- Schaffe eine gemütliche Atmosphäre im Bad.
- Vielleicht kommen neue Zähne oder ein Milchzahn wackelt? Dann zeige deinem Kind, wie es ganz vorsichtig putzen kann oder biete einen Fingerling an.
- Bleib konsequent. Kinder lernen durch Regelmäßigkeit und Gewohnheiten. Bleibe klar und vermittle deinem Kind, dass Zähneputzen nicht verhandelbar ist.
- Aber: Bevor es an einem Tag zum kompletten Breakdown deines Kindes kommt, verzichte auch mal darauf. Mach klar, dass dies eine Ausnahme ist (und das sollte es auch wirklich bleiben). Von einem Mal mehr oder weniger putzen jedoch werden die Zähne deines Kindes nicht schlechter. Mach dich also frei von dem schlechten Gewissen, wenn Zähneputzen einmal nur kurz oder gar nicht stattfindet.
- Und mach auch dein Kind davon frei. Mach deinem Kind keine Angst, beschreibe bitte keine Horrorszenarien, was alles passiert, wenn es *mal* nicht putzt. Besonders in der magischen Phase kann eine Vorstellung von den bösen Kariesmonstern allzu bildlich verstanden werden und in der Nacht Angst und Sorge verursachen.

Das lernt dein Kind dabei:

- Verantwortung für Hygiene zu übernehmen
- Gesundheitsfürsorge
- Eigenverantwortung
- Abläufe und Routinen

Das brauchst du dazu:

- Hocker oder Tritt für die Erreichbarkeit des Waschbeckens
- Zahnbürste, Zahnpasta
- eventuell Uhr für die Zeit
- falls erwünscht: Zahnputzapps auf dem Handy oder Tablet

Gute Nacht

Es ist Schlafenszeit und dein Kind ist nun im Bett. Im folgenden Abschnitt gebe ich dir Impulse, wie du dein Kind gut in den Schlaf begleiten kannst.

Einschlafbegleitung

Manche Kinder schlafen sehr schnell ein, bei vielen dauert es länger. Die Dauer und die Art der Einschlafbegleitung sollten sich an den Bedürfnissen deines Kindes orientieren, aber auch an deinen. Es kann sein, dass sich für dein Kind das Einschlafen wie eine Trennung von seinen wichtigen Bezugspersonen (von dir oder deiner Partnerperson) anfühlt. Das möchte es nicht und sie fällt ihm schwer. Schlafen muss dein Kind aber natürlich trotzdem irgendwann, und du kannst ihm dabei helfen, ruhig und sicher einzuschlafen. Oft ist das „Kuschelkonto“ leer, gemeinsame Zeit kam über den Tag zu kurz. Dann muss es erst wieder aufgefüllt werden, damit dein Kind gut einschlafen kann.

Du kannst dein Kind dabei gut begleiten, du kannst es aber auch aktiv einbeziehen.

So könnt ihr das Einschlafen gemeinsam gestalten:

- Findet gemeinsam heraus, was dein Kind braucht und wie es am besten zur Ruhe kommt. Ist dein Kind älter, dann frag es: Braucht es eher die Extraportion Kuscheln, ein Hörbuch, eine Vorlesegeschichte? Auch Faktoren wie die Beleuchtung (ganz dunkel oder mit Nachtlicht?) können eine Rolle spielen. Dein Kind kann das Hörspiel, die Geschichte oder das Buch selbst aussuchen, ebenso das Nachtlicht oder das Kuscheltier, das mit im Bett sein soll. Je selbstbestimmter dein Kind auch diesen Prozess mitgestalten darf, desto beruhigter kann es einschlafen. Schlafen ist eine sehr sensible Phase, und je mehr Kontrolle dein Kind darüber hat, wie es einschläft, desto weniger fremdbestimmt fühlt es sich dabei.

- Um gut schlafen zu können, muss der Körper bereit für Ruhe sein. Es kann also sein, dass noch zu viel Energie übrig und dein Kind noch nicht müde ist. Dann baue eine aktive Zeit vor dem Schlafengehen ein und sorge generell für viel Bewegung und frische Luft während des Tages.
- Vielleicht braucht dein Kind aber auch etwas Ruhiges, um vom Tag runterzukommen, und würde bei einer Aktivität vor dem Schlafengehen erst recht aufdrehen. Dann finde eine ruhige Beschäftigung zum Abschluss des Tages. Du kennst dein Kind am besten und wirst merken, was das Richtige für dein Kind ist. Es wird dir auch zeigen, was es braucht, und vielleicht auch aktiv danach verlangen.
- Achte darauf, dass genug Zeit seit der letzten Schlafphase deines Kindes vergangen ist (mindestens vier Stunden bei 2- bis 6-Jährigen). Hat dein Kind einen späten Mittagsschlaf gemacht oder ist im Auto noch mal eingenickt, wird es einfach noch nicht müde sein, auch wenn die normale Schlafenszeit erreicht ist.
- Schaue, ob Fernsehen vor dem Schlafengehen für euch passt, oder ob ein Buch, ein Spiel oder ein Spaziergang eine bessere Lösung wäre. Die bewegten Bilder und das Licht des Monitors können dein Kind eher wach machen und aufwühlen.
- Hat dein Kind am Abend noch Redebedarf, unterbinde das nicht. Höre ihm zu, oft sind dies die Momente, in denen du am engsten in Verbindung mit ihm stehen kannst. Aber: Wenn du das Gefühl hast, dass Frage um Frage gestellt wird, dir jedoch Muße und Kraft nach einem langen anstrengenden Tag fehlen, kannst du auch sagen: *„Ich bin jetzt zu müde, aber ich schreibe mir deine Frage auf, und wir reden morgen darüber."* So fühlt sich dein Kind gesehen, aber ihr kommt trotzdem schneller zur Ruhe. Gleiches gilt auch für schwierigere Fragen, deren Antwort du nicht direkt weißt, oder bei denen du wüsstest, dass die Beantwortung im Kopf deines Kindes einfach noch mehr Fragen verursachen würde und ihr so nie zur Ruhe kommt.

Wichtig zu wissen: Die Einschlafbegleitung ist kein statischer Prozess, er verändert sich mit dem Alter deines Kindes. Je flexibler ihr also zusammen seid, desto besser.

ACHTUNG: VERGISS DEINE BEDÜRFNISSE NICHT

Deine Bedürfnisse sind bei diesem Prozess genauso wichtig: Es ist völlig legitim, wenn eine Art der Einschlafbegleitung für dich nicht angenehm ist, dann findet eine Lösung oder Alternative. Wenn du zum Beispiel nicht gern vorliest, kann das deine Partnerperson übernehmen. Oder dein Kind hört stattdessen ein Hörbuch. Entscheidend ist, wie du mit deinem Kind darüber sprichst. Nehmen wir an, es wird dir zu viel, dein Kind jeden Tag in den Schlaf zu begleiten, deine Partnerperson kann aber nicht übernehmen, da dein Kind dies nicht zulässt. Dann ist es wichtig, transparent und klar mit deinem Kind zu kommunizieren und deine Bedürfnisse nach einem freien Abend mitzuteilen. Du handelst hier also nicht gegen dein Kind, sondern eindeutig für dich.

Wenn du allein begleitest, dann hast du diese Möglichkeiten natürlich nicht.

- Du kannst aber auch mit deinem Kind klar besprechen, wenn heute statt einer Geschichte ein Hörbuch an der Reihe ist, weil du zu müde zum Vorlesen bist.
- Du kannst deinem Kind auch sagen, dass ihr heute in den Schlaf kuschelt und du zwar da bist, aber nicht aktiv irgendetwas machen möchtest.
- Je älter dein Kind, desto einfacher wird es auch irgendwann werden, dass es allein einschläft.
- Und vielleicht ist es auch möglich, dass hin und wieder die Oma oder der Opa (oder eine andere vertraute Person) die Einschlafbegleitung übernehmen kann und du so zu deinem freien Abend kommst.

WENN NUR EINE PERSON INS BETT BRINGEN „DARF"

Manchmal akzeptiert ein Kind nur einen Elternteil als Einschlafbegleitung. Dein Kind hat sich diese Person ausgesucht, weil es sich bei ihr sicherer und geborgener fühlt. Nicht grundsätzlich, sondern in dieser bestimmten Situation. Es ist also wichtig, dass die andere Partnerperson die Bindung zum Kind verstärkt, also mehr gemeinsame Zeit mit ihm verbringt und Dinge übernimmt, für die der oder die andere maßgeblich verantwortlich war. Das können Aktivitäten am Tag oder aber auch bei der Abendroutine sein.

Manchmal kann es aber auch an der Art der Einschlafbegleitung liegen, weshalb sich dein Kind eine bestimmte Person wünscht. Beispielsweise möchtest du nach einem langen Tag mit Kind abends schnell zur Ruhe kommen. Daher erzählst du keine Geschichte mehr oder nimmst lieber das Handy zur Hand, um noch ein paar Nachrichten zu beantworten, wenn du neben dem Kind liegst. Deine Partnerperson hingegen hat am Tag vielleicht wenig Zeit mit dem Kind gehabt und genießt noch das Reden und Quatschmachen im Bett. Dann wird sich dein Kind vermutlich für diese Variante entscheiden.

Fakt ist: So oder so, sei beim Ins-Bett-Bringen mit deinem Kind in Beziehung, solange es dich und deine Aufmerksamkeit braucht. Und sei nicht gekränkt, wenn es aus den genannten Gründen lieber deine Partnerperson zum Einschlafen wählt. Ein konsequent kurzes Gute-Nacht-Ritual ohne das Signal, es bestünden noch Wahlmöglichkeiten an Spiel und Spaß, kann auch die Ursache dafür sein, dass das Ins-Bett-Bringen bei deiner Partnerperson oft sehr viel schneller geht. Wie auch in anderen Situationen, gilt auch hier: Wenn du klar bist in deiner Haltung, ist es auch klar für dein Kind. Visualisiert die Abende, an denen entweder du oder der andere Elternteil das Kind ins Bett bringt, beispielsweise am Wochenplan. Dein Kind kann sich so schon darauf vorbereiten.

Alles braucht seine Zeit, auch das Loslösen von einer Bindungsperson und das Akzeptieren einer anderen. Schritt für Schritt also, und zwar in kleinen, aber beständigen Schritten.

- Zeige Verständnis für dein Kind, denn deine Gründe (Zeit für dich am Abend oder Ausgehen mit einer Freundin) sind für dein Kind nicht immer nachvollziehbar. Warum sollte sich plötzlich etwas ändern, was vielleicht schon monatelang oder gar jahrelang gut funktioniert hat? Dein Kind braucht Zeit, um mit dieser veränderten Situation gut umgehen zu können, und diese solltest du ihm auch gewähren.
- Um den Tag gut abzuschließen, hilft es vielen Kindern, über die Erlebnisse des Tages zu sprechen und sie zu reflektieren. Vieles, was am Tag nicht in Worte gefasst werden kann, sprudelt am Abend aus ihnen heraus. Für dich und dein Kind ist es ein schönes Ritual, um vom Tag in den Schlaf zu gleiten. Gleichzeitig erfährst du viel über dein Kind. Je kleiner es ist, desto weniger wird es von sich aus erzählen. Du kannst unterstützen, indem du konkrete Fragen stellst: *„Was war heute besonders schön?“, Worüber hast du dich heute geärgert? Was war nicht schön?“, „Worauf freust du dich morgen? Mit wem hast du heute gespielt?*

ACHTUNG: NICHT „SCHREIEN LASSEN“

Egal wie alt dein Kind ist, und auch wenn die Einschlafbegleitung anstrengend und nervenzehrend ist: Lass dein Kind niemals allein weinen. Schlafprogramme wie das Ferbern (eine Methode, bei der man das Kind so lange allein im Bett weinen lässt, bis es „aufgibt“) führen nur zu einem Bindungs- und Vertrauensbruch zwischen dir und deinem Kind. Dein Kind wird in einer Situation, in der es dich sehr braucht (nämlich Tränen und Verlustangst) von dir alleingelassen – im Dunkeln, wenn es Nacht wird, also ohnehin schon in einer bedrohlicheren Situation. Dein (kleines) Kind weiß nicht, dass du nebenan im Wohnzimmer bist, es fühlt sich verlassen und hat Angst. Zwangsläufig wird es irgendwann einschlafen, vor Erschöpfung und mit dem Wissen, dass niemand kommt, wenn es in Not ist. Ein Kind zum Einschlafen allein weinen zu lassen, ist also niemals eine gute Lösung.

Wenn dein Kind größer ist, ihr darüber sprechen könnt und es für euch beide eine gute Lösung ist, kann es natürlich auch ohne dich einschlafen und vorher vielleicht ohne dich ein Hörbuch hören. Dann weint dein Kind aber nicht nach dir, sondern es hat bewusst diese Option gewählt und sie sich vielleicht sogar gewünscht. Das ist ein großer Unterschied.

Das lernt dein Kind dabei:

- Loslassen vom Tag
- Mitbestimmung in einer sehr wichtigen Phase
- Geborgenheit und Sicherheit
- Selbstregulation und Techniken zum Einschlafen

Das brauchst du dazu:

- Alles, was deinem Kind hilft: Hörbücher, Bücher zum Vorlesen, eine kuschelige Umgebung, Kuscheltiere, Zeit

Umzug ins eigene Bett

Kinder schlafen unterschiedlich. Die einen sehr lange im Familienbett, manche im eigenen Bett im elterlichen Schlafzimmer, die anderen von Anfang an im eigenen Bett im eigenen Zimmer. Du musst für dich herausfinden, was am besten zu deinem Kind und deiner Familie passt.

Wenn dein Kind von Anfang an recht schnell im eigenen Bett geschlafen hat, dann ist das nicht dein Thema und du kannst dieses Kapitel auslassen. Aber ich lade dich gern ein, noch mal zu überlegen, wie das für euch beide war.

So könnt ihr den Umzug ins eigene Bett zusammen gestalten:

- Lass dein Kind entscheiden. Dein Kind wird irgendwann das Bedürfnis haben, in einem eigenen Bett und in einem eigenen Zimmer (falls vorhanden und möglich) zu schlafen. Das kann recht früh sein oder später. Den richtigen Zeitpunkt gibt es nicht – dein Kind muss so weit sein. Dann kann das ganz plötzlich und von heute auf morgen geschehen.
- Wenn es räumlich möglich ist, biete deinem Kind die Möglichkeit, zwischen den Schlafmöglichkeiten zu wählen. Stelle aktiv die Frage, in welchem Bett dein Kind heute einschlafen möchte: im Familienbett oder im eigenen Bett. Dieses Bett sollte zum Schlafen einladen und aktiv mit deinem Kind vorbereitet worden sein, indem:
  - ihr gemeinsam das Zimmer und den Schlafplatz gestaltet habt,
  - dein Kind die Bettwäsche aussuchen durfte,
  - ihr das Bett gemeinsam kuschelig und gemütlich gemacht habt,
  - ihr ein Nachtlicht installiert habt,
  - ihr gemeinsam Regeln besprochen habt, was passiert, wenn dein Kind nachts wach wird, also wie es dich erreichen kann (rufen, ins Schlafzimmer kommen etc.), wie es Licht machen kann (eventuell auch mit einer Taschenlampe) und welche Möglichkeiten es noch gibt, sodass es keine Angst haben muss (Kuscheltier griffbereit etc.).
- Kleine Lichtquellen wie ein Nachtlicht oder beleuchtete Sterne an der Zimmerdecke geben deinem Kind Sicherheit, wenn es alleine im eigenen Zimmer schläft.
- Das Bett selbst muss für dein Kind gut erreichbar sein, es darf also nicht zu hoch sein. Dein Kind sollte selbstständig ein- und aussteigen können. Dies minimiert auch die Gefahr der Verletzung, wenn es mal herausfallen sollte.
- Gib deinem Kind die Gewissheit, dass es immer okay ist, wenn es auch mal wieder in deinem Bett schlafen möchte, und dass es nachts jederzeit zu dir kommen kann, wenn es das Bedürfnis danach hat. Verzichte auf Abwertungen oder lächerlich machen („*Du bist doch kein Baby mehr und kannst echt so langsam mal*

alleine schlafen!“). Damit demütigst du dein Kind und verursachst, dass es zwar unter Umständen allein schlafen wird, um dir zu gefallen und um kein Baby mehr zu sein, aber entgegen seinem Bedürfnis und seinem Sicherheitsgefühl handelt. Gib deinem Kind also die Zeit, die es braucht, um sicher im eigenen Bett anzukommen.

- Thematisiert die neue Schlafsituation schon vorher. Bilderbücher können dabei gut unterstützen und helfen. Gib deinem Kind den Raum, über Ängste zu sprechen, und nimm diese ernst. Ein Umzug ins eigene Zimmer ist ein neuer und bedeutender Lebensabschnitt und ein entscheidender Schritt zum Großwerden. Wenn dein Kind in deiner Nähe gelernt hat, sich selbst zu beruhigen, und die Gewissheit hat, jederzeit zu dir kommen zu können, wenn es Angst hat oder dich als Bezugsperson braucht, dann kann es eines tun: irgendwann selbst bestimmen, wann es „auszieht“.
- Wenn es hilft und für dich eine Option ist, kannst du am Anfang mit deinem Kind im Zimmer schlafen.

DER RICHTIGE ZEITPUNKT

Lasst euch nicht von außen beirren oder beeinflussen. Ihr entscheidet als Familie, ob und wie lange ihr ein Familienbett haben möchtet, niemand anders. Es gibt keinen Zeitpunkt, an dem dein Kind im eigenen Bett schlafen sollte oder gar muss, wenn ihr alle noch zufrieden mit der gemeinsamen Schlafsituation seid. Die oft von außen herangetragenen Befürchtungen, dass dein Kind bis zum Schulabschuss in deinem Bett schlafen wird, kannst du getrost ignorieren. Die wenigsten Teenager schlafen noch im Bett ihrer Eltern – und selbst wenn: Wen außerhalb der Familie geht so etwas Intimes und Inniges etwas an? Irgendwann wird der Zeitpunkt kommen, meist von allein.

- Wenn du als Elternteil (oder beide Eltern) jedoch das Gefühl hast, dass für euch das Familienbett nicht mehr gewünscht oder tragbar ist, dann solltet ihr diesen Umzug liebevoll begleitet forcieren. Wie immer in der bedürfnisorientierten Begleitung sind die Bedürfnisse aller wichtig, also muss auch hier aufs Gesamtsystem (in dem Fall die Familie) geschaut und gemeinsam überlegt werden, wie die Schlafsituation in Zukunft gelöst werden kann.
- Wie kann das geschehen? Ihr als Paar (oder du für dich allein) müsst euch einig sein. Teilt euch eure Beweggründe mit und seid dabei so ehrlich wie möglich. Schlechter Schlaf, keine Lust mehr auf Beine im Gesicht oder euer Sexualleben sind alles gute Gründe, um über das Ende des Familienbettes nachzudenken und den Umzug ins eigene Bett anzugehen.

Das lernt dein Kind dabei:

- Selbstständiges Schlafen
- Selbstbestimmtheit
- Mitspracherecht
- Selbstregulierung

Das brauchst du dazu:

- eigenes Bett für dein Kind
- Decke, Kissen, Utensilien für einen gemütlichen Schlafplatz

Am Wochenende

Am Wochenende gelten oft andere Routinen und es herrscht ein anderer Alltag als unter der Woche. Im folgenden Kapitel gebe ich dir ein paar Impulse für typische Wochenendbeschäftigungen und wie du sie gemeinsam mit deinem Kind gestalten kannst.

Freizeitgestaltung

Am Wochenende werdet ihr in der Regel mehr Zeit als Familie verbringen. Neben Routinen wie Großeinkauf und Haushalt lassen diese beiden Tage viel Raum für gemeinsame Aktivitäten. Wichtig ist, dass jedes Familienmitglied in seinen Bedürfnissen und Wünschen gesehen wird und sie besprochen werden.

So könnt ihr eure Wochenenden gemeinsam gestalten:

- Frag dein Kind, was es gerne machen möchte. Je älter dein Kind ist, desto mehr wird es sich bereits einbringen können.
- Gestaltet ein Freizeitboard, auf dem verschiedene Aktionen angepinnt werden können, z. B. Spielplatz, Ausflug, Zoo oder Schwimmbad. Besprecht diese Wünsche innerhalb der Familie und findet Kompromisse. Was heute nicht geht, geht vielleicht nächstes Wochenende.
- Nehmt Rücksicht auf die unterschiedlichen Bedürfnisse und teilt euch gegebenenfalls auf: Die große Schwester macht eine Radtour mit Papa, das Kleinkind geht mit Mama auf den Spielplatz. Auch Zeit für jeden Elternteil ohne Kind darf möglich sein und ist wichtig für die individuelle Erholung. Am Abend grillt ihr dann alle zusammen als Familie.
- Probiert Neues aus und geht raus ins Freie. Die Natur bietet sehr viele Möglichkeiten für Spiele und Aktivitäten und gesunde Luft gibt es obendrein.

Wenn dir die Ideen fehlen, kann ich dir das „Mönkeln" ans Herz legen. Mehr zum Thema Mönkeln erfährst du in den Mönkel-Büchern von Inke Hummel.

AUCH DAS WOCHENENDE DARF ALLTAG SEIN

Ein Wochenende muss nicht immer zwangsläufig große Events und Aktivitäten beinhalten. Spiele im Garten oder drinnen, Basteln, gemeinsames Backen oder Werkeln auf dem Balkon gehören ebenfalls zur Wochenendgestaltung. Auch am Wochenende gibt es einen Alltag und es fallen Aufgaben und Arbeiten an, die unter der Woche nicht erledigt werden können.

- Findet auch am Wochenende Rituale, zum Beispiel ein gemeinsames Frühstück. Wenn mehr Zeit als unter der Woche ist, kannst du dein Kind auch stärker in die Zubereitung einbeziehen.
- Das Wochenende sollte auch immer dazu dienen, sich von der Arbeits- und Kitawoche zu erholen. Plant also auch immer wieder ruhige Phasen zum Ausruhen ein.

Das lernt dein Kind dabei:

- Familienzusammengehörigkeit
- Mitbestimmung und Gestaltungsspielraum
- gesehen und gehört zu werden

Das brauchst du dazu:

- alles, was ihr für eure Aktivitäten braucht

Mehr Entscheidungsspielraum

Wenn ihr mehr Zeit am Wochenende habt und weniger unter Termindruck steht, bieten sich diese zwei Tage sehr gut an, um deinem Kind mehr Entscheidungsspielräume zu lassen als unter der Woche. Das Gleiche gilt fürs Ausprobieren, für die Autonomieerfahrung und die Selbstbestimmtheit.

So könnt ihr das Entscheiden gemeinsam gestalten:

- Müsst ihr nicht dringend irgendwo hin, habt ihr alle Zeit der Welt. Diese Zeit kann dein Kind nutzen, sich ohne Zeitdruck selbst zu erfahren. Dein Kind kann also alles, was es unter der Woche bereits selbstständig tun möchte, in aller Ruhe weiter ausprobieren.
- Prozesse wie das Anziehen, die vielleicht unter der Woche dann doch schnellgehen müssen, könnt ihr so lange ausprobieren, bis sie klappen.

ROLLENWECHSEL

Wenn dein Kind ein bisschen älter ist (Kindergarten- oder Vorschulalter), kannst du Tage oder Nachmittage einbauen, an denen es bestimmen darf und auch die Verantwortung dafür übernimmt. Dein Kind bestimmt also beispielsweise an einem freien Tag, wann es aufstehen möchte, was es zum Frühstück gibt, wie die Freizeitgestaltung aussieht, was es zwischendurch essen darf, wie lange es eine Serie schauen oder am Handy spielen darf, wann Schlafenszeit ist und so weiter.

Kläre zuvor mit deinem Kind Regeln und Bereiche, in denen es allein entscheiden darf, und wie weit sein Handlungsspielraum geht. (Allein in die Stadt fahren zum Beispiel ist nicht erlaubt.) Überprüfe für dich, wie weit du diese Entscheidungen gut aushalten kannst, denn du solltest sie auch gut akzeptieren können und deinem Kind wirklich die Verantwortung übertragen. Kannst du es aushalten, wenn dein Kind sich den ganzen Tag nur von Popcorn, Schokolade und Apfelsaft ernährt, oder ist es dir wichtig, vorher ein paar Regeln aufzustellen (z. B. es muss mindestens auch eine Portion Gemüse oder Obst dabei sein)? Je mehr du im Nachhinein korrigierst oder beanstandest, desto mehr beschneidest du dein Kind in seiner Entscheidungsfreiheit und gibst ihm das Gefühl, dass es falsche Entscheidungen getroffen hat. Vertraue deinem Kind. Es wird dich unter Umständen sogar überraschen. Lass zu, dass es auch über die Stränge schlägt, und gib ihm das Gefühl, dass du ihm vertraust, nichts grundsätzlich Schädliches zu tun. Es wird für alle Beteiligten ein spannender, aber auch lehrreicher Tag werden.

Das lernt dein Kind dabei:

- Verantwortung zu übernehmen
- dein Vertrauen zu spüren
- ernst genommen zu werden und ein aktiver und wichtiger Teil der Familie zu sein

Das brauchst du dazu:

- Ideen
- Absprachen
- Freiräume
- Materialien zur Freizeitgestaltung

Gärtnern

Schon Kleinkinder können im Garten mithelfen und lieben das in der Regel sehr. Habt ihr keinen eigenen Garten, könnt ihr auch auf dem Balkon gärtnern oder sogar drinnen auf der Fensterbank.

So könnt ihr das Gärtnern gemeinsam gestalten:

- Zeige deinem Kind, was im Garten alles anfällt und welche Aufgaben erledigt werden müssen.
- Wenn du (bunte) Blumentöpfe oder ein Hochbeet hast, das dein Kind gut erreichen kann (zur Not mit einem Hocker), dann kann es dir helfen, Samen oder Setzlinge zu pflanzen, Erde darauf zu schütten und anschließend zu gießen. Wenn du kleine Wasserspiele mit dem Gartenschlauch oder der Gießkanne einbaust, erhöhst du den Spaßfaktor für dein Kind.
- Gießen ist für die meisten Kinder eine sehr beliebte Aufgabe. Du entscheidest, ob dein Kind mit dem Gartenschlauch oder einer Gießkanne gießen darf, und los gehts.
- Unkraut zupfen kann etwas schwieriger sein, denn dazu benötigt man unter Umständen Kraft oder Geräte, die für dein Kind zu schwer oder scharf sind. Leichtes Unkraut jedoch kann dein Kind bereits aus der Erde ziehen.
- Ernten ist eine tolle Aufgabe für dein Kind. Hast du also die Möglichkeit, deinem Kind ein Körbchen oder eine Schüssel in die Hand zu geben und beispielsweise Himbeeren pflücken zu lassen, ist das eine schöne Erfahrung.
- Lass dein Kind den Garten mit allen Sinnen erfahren: Lass es barfuß laufen, lass es die Blumen und Kräuter riechen, lass es die Erde fühlen und riechen und den Regen, lass es die Kräuter und Beeren kosten und selbst zupfen. Lass es die Vögel füttern und ihnen zuschauen und zuhören. Lass es sich Käfer über die Hände krabbeln lassen und die Regenwürmer und Schnecken berühren.

Diese Naturerfahrungen sind wichtig für dein Kind, sie prägen die Sinneswahrnehmung, lehren ihm Naturgesetze und helfen ihm, ein Bewusstsein und Wertschätzung für unsere Natur zu entwickeln.

ACHTUNG: GIFTIGE PFLANZEN

Zeige deinem Kind, was es im Garten herausreißen darf und was nicht, wenn du keine unliebsamen Überraschungen möchtest. Erkläre deinem Kind auch klar, was es aus dem Garten essen darf oder nicht. Bewährt ist die Regel, dass dein Kind immer fragen muss, bevor es etwas Unbekanntes probiert. Wenn sich Kinder frei in deinem Garten bewegen, sollte nichts Giftiges darin wachsen.

Das lernt dein Kind dabei:

- Gartenarbeiten, Techniken und Abläufe
- Prozesse in der Natur (aus einem Samen wächst eine Blume oder etwas zu essen)
- Verantwortungsgefühl
- Respekt vor der Natur

Das brauchst du dazu:

- Gartengeräte, die dein Kind gut nutzen kann, eventuell für Kinderhände geeignete Geräte
- kleine Handschuhe
- alles, was du pflanzen möchtest (Samen, Setzlinge etc.)
- eine kleine Gießkanne

Mir ist so langweilig!

Bestimmt hast du diesen Satz auch schon mal gehört. Dein Kind weiß nicht mehr, was es machen soll, und sucht nach einer neuen Beschäftigung. Du sollst zum Entertainer oder zur Entertainerin werden und deinem Kind diese Langeweile vertreiben.

Langweile wird oft negativ bewertet. Dein Kind empfindet sie auch so, tatsächlich aber bietet Langeweile auch ein großes Lernfeld für dein Kind:

- **Kreativität.** Wenn du nicht zum Entertainer oder zur Entertainerin wirst, ist dein Kind gezwungen, sich eine Beschäftigung zu suchen. Das ist gut für die Kreativität und Fantasie deines Kindes. Es gibt keine vorgefertigten Angebote, die es nur annehmen muss, sondern es muss aktiv werden und manchmal auch erfinderisch, um die Langeweile zu vertreiben. Dies wiederum fördert auch die Vorstellungskraft und das kognitive Denken.
- **Eigenständigkeit.** Wie gerade beschrieben, ist dein Kind erst mal gefordert, eigenständig die Langweile zu vertreiben. Es muss eine Lösung finden (Förderung der Lösungskompetenz) und auf sich selbst vertrauen (Angebote von außen gibt es erst mal keine). Das macht dein Kind selbstsicher, es kann sich irgendwann auf seine eigene Lösungsfähigkeit verlassen und darauf vertrauen. Es ist nicht immer auf Reize und Ideen von anderen angewiesen, das ist eine wichtige Erfahrung für dein Kind.
- **Frustrationstoleranz.** Nicht immer wird der Zustand der Langweile sofort beendet. Das ist frustrierend und kann wütend machen. Dein Kind wird dabei aber seine eigene Frustrationstoleranz stärken und lernen, auch unangenehme Gefühle selbst zu regulieren.

- **Eigene Interessen.** Langeweile bietet auch die Chance, eigene Interessen zu entdecken und ihnen nachzugehen. Dabei kann dein Kind auch neue Dinge entdecken oder sich auf neue Dinge konzentrieren. Stell dir vor, dein Kind hat nichts zu tun. Aus Langweile geht es in den Garten, die vorhandenen Spielmöglichkeiten sind heute aber auch: langweilig. Aus reiner Verzweiflung beginnt es, sich das Gras näher anzuschauen, und entdeckt plötzlich einen Käfer, einen Regenwurm und eine Ameise. Völlig fasziniert verbringt dein Kind nun den Nachmittag damit, weitere kleine Tiere im Garten zu entdecken und zu beobachten. Ohne Langeweile wäre es an diesen achtlos vorbeigelaufen.

Du siehst also: Nicht immer ist es notwendig, dass du sofort alles tust, um die Langeweile deines Kindes zu beseitigen. Es ist nicht deine Aufgabe, ständig dein Kind zu bespaßen. Das ist im Alltag weder ständig möglich noch erforderlich. Natürlich kannst du Impulse und Anregungen geben, wenn dein Kind es mal nicht schafft, allein aus der Langeweile zu finden. Hin und wieder aber darf es das gerne erst mal selbst versuchen.

SO MEISTERT IHR DEN ALLTAG SPIELERISCH

Für dein Kind ist so gut wie alles noch ein Spiel. Vor allem, wenn es sehr jung ist. Aber auch ältere Kinder lernen noch am besten spielerisch. In den letzten Kapiteln habe ich dir bereits einige Inspirationen gegeben, wie du Alltagsaufgaben in ein Spiel verwandeln kannst. In diesem Kapitel geht es nun um wichtige Alltagskompetenzen deines Kindes. Ich zeige dir, wie du diese ebenfalls spielerisch fördern kannst und gebe dir für jede Kompetenz konkrete Spielideen an die Hand.

Alles ist also noch ein Spiel. Und trotzdem ist es wichtig, dass dein Kind auch außerhalb der Alltagssituationen viel Zeit zum „richtigen" Spielen hat. Durch das Spielen werden automatisch viele Kompetenzen geweckt und gefördert. Je nach Spiel sind das die Motorik, die Konzentration, das Fokussieren auf eine bestimmte Sache, Fairness, Regelverständnis, Sprache, Körperwahrnehmung, Kreativität, Logik, Teamplay, Musikalität, technisches und mathematisches Verständnis und Entspannung.

Im Folgenden gebe ich dir zu den jeweiligen Kompetenzen beziehungsweise Situationen je fünf Ideen und Impulse, die du leicht umsetzen kannst. Viele Spiele sprechen mehrere Kompetenzen an. Bei jedem Bewegungsspiel spielt zum Beispiel auch die Körperwahrnehmung eine Rolle. Ich lege also meinen Fokus auf die jeweilige Kernkompetenz, du weißt aber, dass durch dieses Spiel mehrere Bereiche angesprochen werden können. Im Fokus liegen Spiele und Anregungen, für die du keine oder nur wenige Materialien brauchst. Natürlich findest du im Fachhandel auch viele Spiele, die du zu den jeweiligen Disziplinen kaufen kannst.

DIE KLASSIKER

Zwei klassische Spiele gehen eigentlich immer:

Im **Rollenspiel** hat dein Kind die Möglichkeit, Erlebtes nachzuspielen und somit für sich zu verfestigen und zu verinnerlichen. Es können Ängste sichtbar gemacht werden (z. B. vor dem Kinderarzt) und durch das Nachspielen bestimmter Situationen aufgearbeitet und gelöst werden. Dein Kind kann in verschiedene Rollen schlüpfen und so lernen, sich in andere hineinzuversetzen. Der Kreativität wird freien Lauf gelassen und dein Kind kann sich ausprobieren.

Ähnliches kannst du mit **Bilderbüchern** erreichen. Thematische Bilderbücher (über Freundschaft, Geschwister etc.) können aktuelle Themen deines Kindes begleiten, indem sich dein Kind in den Protagonist*innen des Buches wiederfinden kann. Es kann animiert werden, Lösungen für z. B. den traurigen Bär zu finden oder überlegen, wie es selbst in der Situation handeln würde. Viele Fragen des Alltags können anhand von Bilderbüchern gut erklärt werden.

Impulse für die Motorik

Die Motorik deines Kindes entwickelt sich von Geburt an stetig weiter. Im Grunde ist jede Bewegung ein motorischer Ablauf. Es wird unterschieden zwischen Feinmotorik, der gezielten und koordinierten Bewegung mit der Hand und den Fingern (z. B. feine Arbeiten wie das Auffädeln von Perlen) und Grobmotorik, dem gesamten Bewegungsablauf des Körpers. Für beide Entwicklungsbereiche habe ich Ideen:

Feinmotorik

- **Puzzle.** Puzzle gibt es ab ca. 1,5 Jahren für jede Altersstufe. Die Schwierigkeitsstufe wird von Puzzle zu Puzzle gesteigert. Es gibt unzählige Puzzle, sodass für jedes Interesse etwas dabei ist. Sie fördern neben der Motorik auch die Konzentration und Kombinationsfähigkeit.
- **(Kinetischer) Sand.** Ob in der Sandkiste oder mit kinetischem Sand, für dein Kind wird es sowohl eine motorische als auch sinnliche Erfahrung sein, mit dem Sand zu formen und zu spielen.
- **Perlen auffädeln.** Hier werden Perlen auf meist Nylonfäden gefädelt. Neben einem schönen Ergebnis wird vor allem die Feinmotorik gefördert.
- **Stapelspiele.** Bausteine oder kleine Hölzer werden so aufeinandergestapelt, dass sie nicht umfallen.

Grobmotorik

- **Parcours.** Je nach Alter deines Kindes kannst du unterschiedlich schwierige Parcours aufbauen. Es beginnt mit einem Kriechtunnel und Kissen und geht weiter mit Stationen wie Balancieren, Stelzenlaufen etc. Einen Parcours kannst du je nach Platz sowohl drinnen als auch draußen aufbauen. Natürlich kannst du die Elemente der Stationen auch einzeln anbieten.
- **Bewegungsspiele.** Spiele wie „Fischer, wie tief ist das Wasser?" animieren mit vielen unterschiedlichen Bewegungsabläufen zur Bewegung.

Impulse für die Sprachförderung

Wie auch die Bewegung startet die Sprachentwicklung mit dem ersten Schrei deines Babys und entwickelt sich immer weiter. Vom ersten Schrei über die ersten Brabbellaute bis zu komplexen Sätzen vergehen Jahre. Du kannst dein Baby bei der Sprachentwicklung mit Spielen, bei denen die Sprache und Kommunikation im Vordergrund stehen, unterstützen.

- **Spiele mit Bildern.** Zeige deinem Kind Bilder von Gegenständen oder Tieren und lass es sie richtig benennen oder zuordnen. Du kannst auch weiterführende Fragen dazu stellen oder einfach mit deinem Kind darüber ins Gespräch kommen.
- **Ich packe meinen Koffer und nehme mit …** Ein Kind darf abwechselnd mit weiteren Personen einen virtuellen Koffer packen. Mit jeder Runde landen mehr Dinge im Koffer. Dabei werden alle Gegenstände, die bereits im Koffer sind, wiederholt.
  Beispiel: *„Ich packe meinen Koffer und nehme mit: meine Zahnbürste und ein Spiel."* *„Ich packe meinen Koffer und nehme mit: meine Zahnbürste, ein Spiel und eine Trompete."* So geht es weiter, bis der Koffer voll ist und jemand aus der Runde einen Gegenstand vergisst.
- **Ich sehe was, was du nicht siehst.** Ein Gegenstand wird ausgesucht und die Farbe benannt. *„Ich sehe was, was du nicht siehst, und das ist rot!"* Du oder weitere Personen müssen nun erraten, was dein Kind meint. Anschließend spielt ihr es umgekehrt.
- **Wurmspiel (ab Vorschulalter).** Ihr sucht zusammengesetzte Hauptwörter, die mit dem letzten Wort jeweils weitergeführt werden, zum Beispiel: Kleiderschrank – Schranktür – Türklingel. Dabei muss es nicht immer hundertprozentig grammatikalisch korrekt zugehen.
- **Rollenspiele.** Am Anfang des Kapitels bereits erwähnt, möchte ich sie auch unter diesem Punkt extra hervorheben. Dein Kind kann in verschiedene Rollen schlüpfen und diese auch sprachlich ausfüllen.

- **Vorlesen und Bilderbuchbetrachtung.** Zwei weitere Möglichkeiten, die Sprachentwicklung zu fördern: durch das Hören und später aktive Miterzählen. Mag dein Kind keine Bücher, so zwinge es bitte nicht. Die Lust an Büchern sollte spielerisch und freiwillig entwickelt werden. Reime und Fingerspiele sowie Singen eignen sich auch gut dafür.

Du als Vorbild bist die beste Sprachförderung. Unterhaltet euch so oft es geht und begleite deinen Alltag sprachlich. So lernt dein Kind von dir, mit Sprache umzugehen, und wird animiert, selbst zu sprechen.

VERZÖGERTE SPRACHENTWICKLUNG

Auch wenn du dich sprachlich viel mit deinem Kind beschäftigst, kann es sein, dass es erst spät zu sprechen beginnt bzw. Unterstützung durch eine Sprachtherapie benötigt. Die Sprachentwicklung ist von vielen Faktoren abhängig und jedes Kind entwickelt sich auch sprachlich individuell. Hier sind einige Gründe, die für eine verzögerte Sprachentwicklung ursächlich sein können:

Temperament: Dein Kind ist von Natur aus ruhiger und zurückhaltender und neigt dazu, weniger zu sprechen, unabhängig davon, wie viel mit ihm gesprochen wird.

Entwicklungsphasen: Dein Kind durchläuft verschiedene Entwicklungsphasen, in denen es mehr oder weniger spricht. Es ist normal, dass sich die Sprachfähigkeiten deines Kindes im Laufe der Zeit ändern.

Zweisprachigkeit: Wenn bei euch zwei Sprachen gesprochen werden, kann es länger dauern, bis dein Kind fließend in beiden Sprachen spricht. Dies wird als „Zweisprachigkeitsverzögerung" bezeichnet.

Hörprobleme: Manchmal können unerkannte Hörprobleme dazu führen, dass dein Kind Schwierigkeiten beim Sprechen hat. Es ist wichtig, sicherzustellen, dass dein Kind gut hört.

Soziale Interaktion: Kinder lernen Sprache oft durch soziale Interaktion. Wenn dein Kind nicht genügend Gelegenheit hat, mit anderen Kindern zu interagieren oder in sozialen Situationen zu sprechen, kann dies die Sprachentwicklung beeinflussen.

Entwicklungsstörungen: In einigen Fällen kann eine Entwicklungsstörung, wie Autismus oder eine Sprachentwicklungsstörung, vorliegen, die die Sprachentwicklung beeinträchtigt. Wenn du diesbezüglich Bedenken hast, solltest du einen Experten oder eine Expertin konsultieren.

Wichtig: Das alles können, müssen aber keine zwangsläufigen Gründe sein. Woran es bei deinem Kind liegt, kann abschließend nur eine Fachperson (Kinderärzt*in oder Sprachtherapeut*in) klären.

Impulse für die Körperwahrnehmung

Die Wahrnehmung des eigenen Körpers ist wichtig für dein Kind, um ihn kennenzulernen und auch klar Grenzen spüren und benennen zu können. Durch das spielerische Wahrnehmen des Körpers übt es diese Fähigkeit und wird immer sicherer darin.

- **Kindermassagen wie „Pizza kneten" oder „Wetter-Massage".** Du knetest auf dem Rücken deines Kindes eine Pizza und belegst sie – entsprechende Bewegungen führst du als Massage auf deinem Kind aus: Teig ausrollen, Tomatensoße verteilen, Käse aufstreuen usw. Das Gleiche kannst du mit dem Wetter machen – mal prasselt der Regen auf den Rücken deines Kindes, mal scheint die Sonne. Du kannst dir weitere passende Szenarien einfallen lassen.

- **Sich malen lassen.** Dein Kind liegt auf einem großen Papier und du malst die Umrisse deines Kindes. Anschließend darf es „sich selbst" bemalen, also Kleidung aufs Papier malen. So bekommt dein Kind eine bessere Vorstellung seines Körpers.
- **Fingerfarbe/bunte Badefarbe.** Lass dein Kind den eigenen Körper mit Farbe erkunden. Das macht Spaß und fördert die Körperwahrnehmung. Beide Farben lassen sich leicht wieder abwaschen.
- **Tanzen.** Tanzen und Bewegen zur Musik sind wunderbare Möglichkeiten, den eigenen Körper wahrzunehmen und zu spüren. Dabei ist eine bestimmte Technik oder Choreografie überhaupt nicht wichtig, sondern der Spaß dabei. Lass laute Musik laufen und tanzt auch mal gemeinsam. Das baut gleichzeitig auch Stress ab und verbindet euch.
- **Kinderyoga/Geschichten mit Bewegung.** Es gibt viele Yogaübungen für Kinder, die ihr gemeinsam zu Hause machen könnt. Zum Beispiel verschiedene Tiere: den (herabschauenden) Hund, eine Schlange auf dem Boden, ein Vogel, der mit ausgestreckten Flügeln (Arme) fliegt, ein hüpfender Frosch usw. Oder ihr seid in einem Boot auf dem Meer unterwegs und müsst euch vor einem Sturm in Sicherheit rudern.

Impulse für die Konzentration

Die Konzentrationsfähigkeit deines Kindes hängt von vielen Faktoren ab. Generell wird es sich besser konzentrieren können, wenn es ihm gut geht und es emotional stabil ist. Unruhe führt oft auch zu einer verminderten Konzentrationsleistung. Ist dein Kind sehr unkonzentriert, kann dies viele verschiedene Gründe haben, die du beobachten oder in eurer Kinderarztpraxis abklären lassen solltest. Du kannst die Konzentrationsfähigkeit deines Kindes aber auch spielerisch fördern, indem du ihm Aktivitäten anbietest, bei denen Konzentration wichtig ist.

- **Gesellschaftsspiele/Brettspiele.** Bereits für Kinder ab circa 2,5 Jahren gibt es Brettspiele mit einfachen Regeln, die die Konzentration deines Kindes fördern. Je älter dein Kind, desto komplexer die Regeln und Spielsituationen. Am Anfang kannst du jedes Spiel sehr flexibel und mit eigenen Regeln spielen.
- **Memory.** Der Klassiker unter den Merkspielen sind Memory-Spiele. Ist dein Kind noch sehr klein, beginne damit, einfach Paare zusammenzusuchen, ohne dass die Karten verdeckt sind. Wenn das gut klappt, kannst du mit den richtigen Memory-Regeln starten. Eine Abwandlung wäre ein Geruchs-Memory. Dazu kannst du Säckchen mit unterschiedlichen Materialien füllen, die intesniv riechen, zum Beispiel Kaffeebohnen oder Gewürze. Hierbei werden nicht nur die Konzentration, sondern auch die Wahrnehmung der Sinne gefördert.
- **Sprachspiele.** Sprachspiele sind oft auch Konzentrationsspiele wie zum Beispiel „Ich packe meinen Koffer und nehme mit …"
- **Stopp-Spiel mit Musik.** Die Musik läuft, dein Kind bewegt sich durch den Raum. Wenn die Musik stoppt, muss es sofort stehen bleiben, bis die Musik wieder einsetzt. Das fördert die motorische Konzentration.
- **Ausmalbilder.** Ausmalbilder haben gleich drei Effekte: Sie entspannen dein Kind und fördern Feinmotorik und Konzentration. In Kombination mit freiem Gestalten sind sie eine wunderbare Ergänzung zu allen anderen kreativen Möglichkeiten.

Impulse fürs Zuhören

Eine gute Kommunikation setzt immer ein aktives Zuhören voraus. Das wiederum erfordert ein gutes Gehör und ein Gespür für Menschen, also Empathie. Echte Empathie wird dein Kind erst etwa ab dem Vorschulalter empfinden können. Die Fähigkeit, zuzuhören, kannst du aber schon vorher verfestigen.

- **Geräusche-Memory.** Welche Geräusche hören sich gleich an, welche passen zusammen? Dein Kind muss gut zuhören und sich gleichzeitig gut konzentrieren. Du kannst das Memory kaufen oder mit kleinen gefüllten Döschen selbst herstellen.
- **Vorlesen.** Der Klassiker – dein Kind hört aktiv zu und verarbeitet die Geschichte im Kopf. Das Gleiche gilt für Hörspiele. Du kannst die Geschichte interaktiv werden lassen, indem dein Kind die vorkommenden Geräusche (einen Hahnenschrei zum Beispiel) mitmacht.
- **Ich höre was, was du nicht hörst.** Der Spieleklassiker „Ich sehe was, was du nicht siehst“ einmal anders. Das kann ein Rasenmäher, eine tickende Uhr oder Vogelgezwitscher sein. Das Spiel bietet so viele Möglichkeiten und kann wie die ursprüngliche Version sowohl drinnen als auch draußen gespielt werden.
- **Stille Post.** Geht am besten mit mehreren Personen. Dein Kind flüstert dem anderen Kind leise etwas ins Ohr, dieses Kind muss es wiederum einem anderen Kind (oder Erwachsenen) weitersagen, ebenfalls flüsternd. Je besser alle zuhören, desto originaler kommt der Satz bei der letzten Person in der Kette auch heraus.
- **Wecker verstecken.** Du versteckst einen Wecker irgendwo im Raum und dein Kind muss erraten, wo er steckt, wenn er läutet.

Impulse für Farben, Formen und Zahlen

Dein Kind beginnt mit etwa 18 Monaten, Farben bewusst zu unterscheiden und zu benennen. Manche Kinder können das vorher, manche erst später. Mit dem 3. Lebensjahr kommen Zahlen und Formen dazu. Das sind die ersten mathematischen Zusammenhänge, die dein Kind versteht, und du kannst sie spielerisch fördern und ganz nebenbei im Alltag unterstützen, zum Beispiel indem du dein Kind fragst, wie viele Teller bereits auf dem Tisch stehen oder welche Farbe denn heute sein T-Shirt haben soll. Darüber hinaus gibt es viele Spiele, die dich dabei unterstützen.

- **Säckchen fühlen.** Du packst verschiedene Dinge aus dem Haushalt in kleine Säckchen und lässt dein Kind fühlen, was drin ist. Hierbei sind unterschiedliche Formen und Größen wichtig, anhand derer dein Kind den Gegenstand erraten kann.
- **Farben finden.** Bitte dein Kind, alle Gegenstände einer Farbe aus dem Raum in die Mitte zu legen. Ihr könnt das Spiel mit allen Farben wiederholen.
- **Brettspiele/Gesellschaftsspiele.** Gerade für das Krippenalter gibt es viele Brettspiele, die sich um das Thema Farben und Formen drehen.
- **Sortierspiele.** Gegenstände nach Farben und Formen sortieren zu lassen, ist auch eine gute Übung für die Konzentration und oft auch für die Motorik. Du kannst das auch mit Bausteinen machen.

Impulse zum Runterkommen

Der Alltag deines Kindes ist voller Ereignisse und Eindrücke. Wichtig sind deshalb immer wieder Ruhephasen und Momente der Entspannung. Macht dein Kind keinen Mittagsschlaf mehr, solltest du darauf besonders Wert legen. Nicht immer hast du im Alltag die Möglichkeit, Elemente wie eine Traumreise einzubauen. Dann könnt ihr eine Runde kuscheln, vorlesen oder gemeinsam ein ruhiges Spiel am Tisch spielen. Hast du etwas mehr Zeit und dein Kind macht gerne mit, dann bieten sich Traum- oder Fantasiereisen an. Auch Yoga oder Hörspiele ohne Action sind gute Unterstützer.

Traumreise

Bei einer Traumreise nimmst du dein Kind mit in eine Geschichte, die in seiner Vorstellung passiert. Dein Kind liegt bequem und schließt die Augen. Du erzählst eine Geschichte und lässt dein Kind in seinen Gedanken diese Geschichte miterleben. Dabei verwendest du bewusst die Du-Form und sprichst dein Kind direkt an: *„Du siehst den Waldweg vor dir und spürst das Moos unter deinen Füßen. Du hörst die Vögel zwitschern und die Blätter in den Bäumen rauschen. Irgendwo hörst du eine Eule, schuh schuh, schuh schuh …“* Dein Kind kann in diese Geschichte eintauchen und versuchen, alles zu hören oder zu spüren. Neben der Entspannung wird auch die Kreativität angesprochen.

Traumreisen findest du im Internet sowie in vielen Traumreisebüchern. Du kannst sie auch selbst erfinden, gerne gemeinsam mit deinem Kind.

SO GELINGEN EUCH ÜBERGÄNGE

Übergänge bezeichnen den Wechsel von einer Situation in eine andere. Sie stellen für Kinder oft eine große Herausforderung dar. Das können kleine Wechsel im Alltag sein, aber auch große Wechsel von einer Lebenssituation in eine neue, wie der Wechsel von einer rein familiären Betreuung in eine außerhäusliche Betreuung. Dabei spielt die Eingewöhnung eine sehr große Rolle, weshalb wir sie uns in diesem Kapitel besonders genau anschauen.

Unsere Tage sind gefüllt mit Übergängen, auch Transitionen genannt. Wir Erwachsene bemerken sie oft gar nicht. Entweder haben wir uns bereits dran gewöhnt oder wir stecken so sehr im Alltagstrott, dass wir sie gar nicht mehr bewusst wahrnehmen. Für dein Kind aber bedeuten Übergänge oft eine Herausforderung, da es den Wechsel von einer Situation in die nächste noch nicht greifen kann und oft auch nicht kommen sieht. Dein Kind hat ein „eigenes Skript" vom Tagesablauf und braucht Zeit, um Strukturen zu verinnerlichen. Manchmal ändern sich diese Strukturen, weil sich etwas am gewohnten Tagesrhythmus ändert. Das verwirrt, überfordert, nimmt Kontrolle und kann auch Angst machen. Dein Kind kann Übergänge manchmal also nicht ganz einordnen, war noch nicht fertig mit einer Situation oder hatte keinen Einfluss auf den Wechsel – und das macht wütend und ist frustrierend. Deshalb ist es wichtig, Übergänge anzukündigen und gut zu begleiten.

Typische Übergänge im Alltag

Es beginnt am Morgen. Bereits die Phase des Aufwachens ist ein Übergang, nämlich vom Schlafen zum Wachwerden, von der Nacht zum Tag. Diesen Übergang kannst du nicht wirklich ankündigen, weil dein Kind ja vorher schläft. Du kannst dein Kind aber begleiten, indem du es zum Beispiel sanft weckst: Lass das Licht immer heller werden, zieh die Vorhänge auf, lass Geräusche spielen (Vogelgezwitscher etc.), leg dich noch mal zu deinem Kind und kuschle es wach, mach die Tür zum Flur auf und lass es durch die Alltagsgeräusche wach werden und so weiter. Gib deinem Kind Zeit zum Aufwachen.

Weitere typische Übergänge zu Hause sind:

- vom Spiel zur Tagesroutine, zum Beispiel vom Puzzle zum Schuheanziehen, weil ihr losmüsst
- jede Essenssituation – vom Spiel zum Essen, vom Essen zum Spiel oder zur Tagesroutine
- der Wechsel von zu Hause in die Kita und umgekehrt
- der Wechsel zu einer Aktivität draußen oder zu Erledigungen wie zum Einkaufen
- Tagesübergänge – vom Spielen zur Abendroutine, von der Abendroutine zum Schlafen

Typische Übergänge in der Kita sind:

- vom Frühstück zum Morgenkreis
- vom Morgenkreis ins Badezimmer
- vom Badezimmer in die Garderobe
- aus der Gruppe in den Garten
- vom Garten zum Mittagessen
- vom Mittagessen zum Schlafen
- vom Schlafen zum Freispiel und so weiter

Auch die Bring- und Abholzeiten sind Übergänge. Ein Übergang bedingt auch einen Wechsel der Bezugsperson, also zum Beispiel von Mama oder Papa zum Erzieher oder zur Erzieherin.

Du siehst also: Der Tag deines Kindes ist ein Tag voller Übergänge. Manche wird es gar nicht bemerken oder sie machen ihm nichts aus. Sie gehören mittlerweile zur Routine und bieten sogar Sicherheit im Alltag. Aber sie sind trotzdem da. Eine Abweichung davon kann dein Kind verunsichern, eine Neuerung auch. Wichtig ist es also, von den Übergängen zu wissen und dein Kind gut zu begleiten.

So begleitest du Übergänge liebevoll:

- Kündige Übergänge an, und zwar so, dass dein Kind sie auch gut verstehen und sich darauf vorbereiten kann. Im Vorschulalter wirst du vielleicht schon mit der Uhr arbeiten können (*„Wenn der Zeiger auf dieser Zahl steht, gehen wir.“*), und selbst dann ist Zeit noch relativ. Im Kleinkindalter hat Zeit keine Bedeutung. Wenn du deinem Kind also sagst, dass ihr in fünf Minuten losmüsst, könntest du auch sagen, ihr geht in 47889 Millionen Jahren. Die Bedeutung wäre die gleiche. Sei also konkret: *„Du kannst noch einmal rutschen, dann gehen wir“* oder *„Du kannst noch eine Folge anschauen, das ist so lange wie die Eieruhr durchläuft. Danach schalte bitte den Fernseher aus.“*
- Manchmal helfen auch Reime oder Lieder, ein Lied zum Händewaschen oder Aufräumen zum Beispiel.
- Erkläre deinem Kind während des Übergangs, was passiert, und beziehe es mit ein.
- Du kannst den Tag oder bestimmte Abläufe auch visualisieren, zum Beispiel an einem Board mit Bildern vom Tag und den Abläufen (Kita, Essen und so weiter).
- Lass es möglichst viel allein machen und mitbestimmen (*„Hol bitte schon mal den Korb“* oder *„Möchtest du mit dem Laufrad oder dem Roller zum Supermarkt fahren?“)*

- Lass deinem Kind Zeit. Manchmal muss es schnell gehen, aber oft hast du mehr Zeit, als du denkst. Gib deinem Kind eine faire Chance, sich auf eine neue Situation einzustellen. Manchmal muss es einfach nur fertig spielen, dann ist es kooperationsbereit und geht ohne Probleme mit. Das sind noch mal fünf Minuten on top, die würdest du sonst aber vielleicht mit einem Wutanfall ebenfalls verbringen und es wäre nichts gewonnen.
- Nimm einen liebgewonnenen Gegenstand von einer Situation in die nächste mit, also zum Beispiel das Kuscheltier mit zum Einkaufen oder ins Auto.

Neben den alltäglichen kleinen Übergängen gibt es auch die richtig großen Übergänge, die den Alltag deines Kindes komplett verändern und einen neuen Lebensabschnitt darstellen. Einen davon habe ich herausgegriffen. Wir sprechen vom Übergang von zu Hause zur außerhäuslichen Betreuung.

Übergang von Familie zu Kita

Wenn dein Kind in die außerhäusliche Betreuung kommt, bedeutet das für euch als Familie einen neuen Lebensabschnitt. Dabei ist es erst mal irrelevant, ob dein Kind zu Tageseltern kommt oder in eine Kita. Es wird für mehrere Stunden am Tag nicht mehr von dir, der Familie oder engsten Bezugspersonen betreut, sondern gemeinsam mit vielen anderen Kindern in einem völlig neuen Rahmen.

Der Alltag deines Kindes findet für diese Zeit woanders statt und wird woanders geprägt und erlebt. Dieser Übergang verändert auch deinen Alltag. Eventuell wirst du wieder (mehr) arbeiten. Auf jeden Fall wird dein Alltag für ein paar Stunden ohne dein Kind stattfinden. Auch du musst dich neu organisieren. Sprechen wir also vom Alltag deines Kindes und deiner Familie, so darf der Übertritt in die außerhäusliche Betreuung nicht fehlen. Ich möchte dir ein paar Impulse mitgeben, um diesen Übergang so gut wie möglich zu gestalten, sodass die Kita oder die Tageseltern gut in euren Alltag integriert werden können. Im Folgenden beziehe ich mich auf die Kita, du kannst aber vieles auch für die Eingewöhnung bei Tageseltern übernehmen.

Die Vorbereitung

Dieser neue Schritt ist ein sehr prägender Übergang im Leben deines Kindes. Du kannst dich und dein Kind vorab gut darauf vorbereiten, indem du bereits vor Beginn der Eingewöhnung viele wichtige Informationen über die Kita/die Tageseltern sammelst. Wissen gibt Sicherheit, die du auf dein Kind übertragen kannst.

Manche Informationen erhältst du bereits von der Homepage der Kita, manche kannst du im persönlichen Aufnahmegespräch erfragen. Ich habe dir eine Checkliste mit möglichen Fragen zusammengestellt, die für dich und dein Kind wichtig sein können:

- Nach welchem pädagogischen Konzept arbeitet die Kita? (Schwerpunkte, offenes oder geschlossenes Konzept)
- Kannst du das Konzept vorab lesen und wenn ja, wo findest du es?
- Wie ist der Tagesablauf geregelt?
- Gibt es bestimmte Schwerpunkte? (Musik, Bewegung, Natur etc.)
- Wie sind die Bring- und Abholzeiten? Sind sie flexibel?
- Wie viele Schließtage gibt es und wo sind sie einsehbar?
- Wie werden Übergänge gestaltet und welche Regeln gibt es zum Beispiel bezüglich des Essens (Muss dein Kind probieren?) oder Schlafens (Muss dein Kind schlafen/ruhen oder gibt es alternative Angebote für Kinder, die nicht mehr schlafen möchten?)
- Gibt es einen Außenbereich und wie oft gehen die Kinder nach draußen?
- Wird frisch gekocht oder kommt das Essen von einem Caterer?
- Wie ist die Erziehungspartnerschaft, also der Austausch und die Zusammenarbeit zwischen Eltern und Kita?
- Nach welchem Modell wird eingewöhnt?

Stelle alle Fragen, die dir am Herzen liegen. Und ergänze sie gerne um Punkte, die dir persönlich wichtig sind. Sind dir die Antworten zu pädagogisch, dann frag nach, wenn etwas unklar ist. Du gibst dein Kind für mehrere Stunden am Tag in diese Einrichtung und sollst dich dabei absolut sicher fühlen. Es ist wichtig für dich zu wissen, in welchem Umfeld und mit welchen Strukturen dein Kind betreut wird.

Vermutlich wird sich euer Alltag auch unter der Woche in den Abläufen ändern. Folgende Fragen können auftauchen:

- Was passiert, wenn das Kind wieder zu Hause ist? Wie viel Zeit bleibt nach der Kita noch zum Spielen, für die Abendroutine und so weiter?
- Wenn das Kind warm in der Kita isst, braucht es dann noch ein warmes Abendessen? Wie geht ihr diesbezüglich mit unterschiedlichen Wünschen und Bedürfnissen um?
- Verändert sich die Schlafenszeit für dein Kind und somit eventuell auch dein Abendrhythmus?
- Wie wird sich euer Alltag hinsichtlich lebenspraktischer Dinge verändern? Wann gehst du einkaufen, mit oder ohne Kind, wer übernimmt welche Aufgaben?
- Wie regelt ihr die Schließzeiten?

Es ist wichtig, dass ihr euch als Familie über diese Punkte Gedanken macht und dass dir bewusst ist, dass Fragen dieser Art einen Einfluss auf euren Alltag haben können.

BEREICHERUNG STATT KONKURRENZ

Dein Kind wird in der Kita viele Dinge erleben. Die Welt, in der es Erfahrungen sammeln kann, ist größer geworden. Diese Erfahrungen nimmt es auch mit nach Hause, und somit prägt der Kitaalltag auch euren Alltag zu Hause.

Kinder können dabei gut unterscheiden, welche Regeln zu Hause gelten und welche in der Kita. Allerdings möchten sie als Forscher*innen und Entdecker*innen alles Erlernte natürlich auch daheim umsetzen. Es wird also schwierig, wenn Kindern in der Kita mehr zugetraut wird als zu Hause, und natürlich auch umgekehrt. Das erfordert eine gute Absprache mit der Kita.

Im besten Falle aber ergänzen sich die Kita und euer Zuhause und bereichern das Kind durch unterschiedliche Einflüsse und Impulse.

Nicht immer kannst du dir die Einrichtung aussuchen. Kitaplätze sind schwer zu bekommen und oft klappt es mit der Wunschkita nicht. Dann wird dir eine Kita zugewiesen und du bist froh, überhaupt einen Platz bekommen zu haben. Trotzdem darfst du all diese Fragen stellen!

Das kann auch helfen:

- Klärt als Eltern vorher ab, wer von euch eingewöhnt. In der Regel ist es sinnvoll, dass nur eine Person die Eingewöhnung übernimmt. Nur in besonderen Fällen hilft es, die Person zu wechseln, zum Beispiel wenn Trennungen auch nach einem längeren Zeitraum nicht funktionieren oder ein Elternteil wieder arbeiten muss. Das aber sprichst du mit der Kita ab.
- Klärt auch, wer in der Regel das Kind bringt und abholt. Das muss nicht in Stein gemeißelt sein und darf auch mal variieren. Aber es sollte grundsätzlich klar sein, wie ihr das regelt. Selbst, wenn es für euch stimmig ist, dass ihr täglich neu entscheidet, sollte diese Vari-

ante von euch besprochen sein. Wenn du allein begleitest: Hast du ein Netzwerk, wenn du krank bist oder länger arbeiten musst? Wer darf das Kind ebenfalls abholen? Die Kita wird für jede Person dein Einverständnis einfordern.

- Spüre in dich hinein, was für dich wichtig ist, was dir helfen kann. Deine eigene Sicherheit gibt auch deinem Kind Sicherheit.
- Überlege dir, was für dein Kind bei der Eingewöhnung hilfreich sein kann. Besprich das im besten Falle auch mit der Bezugsperson vor Ort. Kann es am Anfang ein Kuscheltier mitnehmen? Hilft ein Schal mit deinem Geruch darauf? Wie lässt sich dein Kind gut beruhigen, was kann dabei helfen? Gibt es Rituale beim Einschlafen, die auch in der Kita hilfreich sein können (z. B. Streicheln am Rücken oder die Hand halten)? Was isst dein Kind gerne, was spielt es am liebsten, womit kannst du es gut begeistern? Diese Informationen sind für die Kita wichtig. Teile auch mit, ob es bereits Trennungen von den Eltern gab und wie dein Kind damit umgegangen ist. Das mag zwar in der Kita ganz anders ablaufen, gibt aber einen guten Anhaltspunkt.
- Schaut Bilderbücher zum Thema Kita an. Erzähle aus deiner eigenen Kitazeit (sofern sie positiv besetzt ist). Vielleicht gibt es Kinder in deinem Umfeld, die bereits in der Kita sind, dann lass sie erzählen. (Letzteres ist in der Krippe noch schwierig, im Kindergartenalter kann das sehr hilfreich sein.)
- Kauft zusammen den Kita-Rucksack, die Brotbox und alles, was für die Kita wichtig ist, oder stellt sie gemeinsam zusammen, sichtbar für dein Kind.

Anker für dich zur Eingewöhnung

Diese Fragen und Inhalte helfen dir bei der Eingewöhnung. Einige davon kannst du im direkten Gespräch mit der Kita klären.

- Nach welchem Modell wird eingewöhnt? Zur Auswahl stehen in der Regel das Berliner Modell oder das Münchner Modell.
- Findet ein Gespräch vor der Eingewöhnung statt?
- Gibt es ein solches auch als Abschluss der Eingewöhnung?
- Wie viel Zeit wird für die Eingewöhnung eingeplant und wie flexibel ist die Kita, wenn die Eingewöhnungsdauer davon abweicht?
- Wird ein Eingewöhnungstagebuch geführt bzw. die Eingewöhnung irgendwie dokumentiert?
- Wie laufen die Trennungen ab? Wo kannst du dich aufhalten und wann wird abgebrochen? Wie individuell wird auf dein Kind geachtet?
- Wie ist es geregelt, wenn der eingewöhnende Elternteil wechseln muss? Wie geht die Kita damit um?
- Wie tauscht ihr euch über die Eingewöhnung aus? Gibt es zwischendurch Gespräche, Tür-und-Angel-Gespräche und wie transparent ist die Kita?

Sei offen und ehrlich mit all deinen Ängsten und Sorgen und teile diese der Kita mit. Lass sie dein Kind nicht unbedingt spüren, denn dein Kind kann das noch nicht gut einordnen. Nicht nur dein Kind gewöhnt sich ein, sondern auch du!

„Wenn Mama oder Papa unsicher ist, dann bin ich es auch! Ich vertraue ihnen und sie wissen, was gut für mich ist. Jetzt schaut Mama traurig und Papa fühlt sich auch nicht wohl. Dann kann das ja nicht gut für mich sein. Ich bin jetzt einfach auch mal skeptisch!“ Diese Überlegungen laufen bei deinem Kind unterbewusst ab. Aber es reagiert auf dich und euch – denn ihr seid der Kompass. Versuche also, im Vorfeld alle Themen, die dich im Rahmen der Eingewöhnung beschäftigen, abzuklären.

Selbstverständlich darfst du auch ehrlich und transparent sein, aber so, dass dein Kind das gut verstehen kann: *„Für mich ist es auch eine neue Situation. Ich bin gespannt, was du alles in der Kita erleben wirst! Wir schaffen das gemeinsam.“* Vielleicht gibt es die Möglichkeit, die Kita schon mal vorher anzuschauen, im Rahmen einer Besichtigung, eines Sommerfestes oder eines Tages der offenen Tür.

Alles ist neu, es verändert sich was, Veränderungen dürfen erst mal Angst machen. Aber ihr geht positiv und gemeinsam an die Sache heran. Das hilft deinem Kind sehr. Der erste Kita-Tag kann kommen.

Liebevolle Eingewöhnung

Du bist gut vorbereitet und dein Kind hat nun seinen ersten Tag in der Kita. Spannend und aufregend, für alle Beteiligten! Aufgeregt dürft ihr beide sein – und voller Vorfreude!

In den ersten Tagen wird es darum gehen, die Kita und den Ablauf kennenzulernen und – am wichtigsten – eine Bindung zum Bezugserzieher oder zur Bezugserzieherin aufzubauen. Dein Kind darf sanft ankommen. Du als Elternteil wirst in den ersten Tagen dabei sein. Du besprichst mit den Pädagog*innen, ob du mit im Spiel bist oder schon am Rande auf einem Stuhl sitzen bleibst und beobachtest. Dein Kind kann jederzeit zu dir kommen und sieht dich.

Die ersten Trennungen

Eine Trennung vor dem dritten Kita-Tag ist nicht zu empfehlen. Ab dann wird schrittweise getrennt. In der Regel ist es so, dass du für ein paar Minuten den Raum verlässt.

ACHTUNG: VERABSCHIEDE DICH IMMER

Gehe bitte nie unangekündigt. Verabschiede dich immer von deinem Kind aktiv und sage ihm, dass du nun für einen kurzen Moment den Raum verlassen wirst.

Der weitere Verlauf

Die Trennungszeiträume werden dann Tag für Tag länger. Es kann sein, dass sie sich auch wieder verkürzen oder du zurückgerufen wirst, weil dein Kind an diesem Tag noch nicht so weit ist. Das ist völlig normal und kein Grund zur Besorgnis. Tränen beim Abschied dürfen sein – brüllt aber dein Kind und klammert sich an dir fest, geh bitte nicht. Dann lieber noch einen Tag warten mit der Trennung oder einen Tag ohne Trennung einlegen.

Ein Meilenstein in der Eingewöhnung ist, wenn sich dein Kind von seiner Bezugsperson in der Kita trösten lässt und anschließend ins Spiel findet.

In der Regel ist die Eingewöhnung abgeschlossen, wenn dein Kind am gesamten Kita-Alltag teilnimmt und dort auch isst und schläft. Die meisten Kitas sprechen bei der Eingewöhnung von einem Zeitraum von 2 bis 4 Wochen. Dauert es länger, so ist das nicht ungewöhnlich. Jedes Kind ist individuell und so verläuft auch jede Eingewöhnung unterschiedlich. Das Tempo gibt dein Kind vor, und eine bedürfnisorientierte Kita orientiert sich auch daran. Wenn du merkst, dass es deinem Kind schwerfällt, geh mit der Kita ins Gespräch – was kann verändert werden? Hilft es deinem Kind, wenn ihr euch an der Garderobe verabschiedet oder ist es besser, du begleitest es noch in den Gruppenraum? Manchmal ist schon eine kleine Veränderung der Game-Changer. Die Eingewöhnungszeit ist dafür da, um herauszufinden, was dein Kind braucht, um gut in der Kita anzukommen.

Hast du Zeitdruck, etwa weil du wieder arbeiten musst, so sprich das offen an. Bitte gib diesen Druck aber niemals an dein Kind weiter. Sätze wie „*Jetzt weine doch nicht immer, so wird das ja nie was. Du weißt doch, dass Mama wieder ins Büro muss! Hier ist es doch schön und du kannst spielen!*“ sind kontraproduktiv und respektieren die Gefühle deines Kindes in keiner Weise.

PUFFER

Wenn es dir möglich ist, plane ausreichend Zeit für die Eingewöhnungsphase (6 bis 8 Wochen) ein. Es kann passieren, dass sich dein Kind schon in den ersten Wochen den ersten Infekt einfängt und ihr pausieren müsst. Ihr beginnt danach nicht bei Null, aber trotzdem solltet ihr dann die Zeit haben, wieder behutsam zu starten. Das nimmt Druck raus.

Bitte stelle generell keine Vergleiche an. Dein Kind ist nicht besser oder schlechter als andere, nur weil es sich schneller oder langsamer in die Kita eingewöhnt. Nimm die Gefühle deines Kindes ernst. Eine Veränderung im Alltag darf verunsichern. Redet darüber oder baut extra Kuschelzeiten zum Auftanken ein.

Was braucht dein Kind nach der Kita? Muss es sich noch auspowern oder braucht es etwas Ruhiges, um herunterzukommen? An manchen Tagen hilft es ihm vielleicht, sich von einer Serie berieseln zu lassen. Wenn das für dich grundsätzlich in Ordnung ist, spricht auch nichts dagegen.

Plane in eurer Eingewöhnungszeit keine großen Aktionen darüber hinaus ein. Eine Eingewöhnung fordert dein Kind, und unter Umständen ist es danach erschöpfter als gewöhnlich. Reduziert das Nachmittagsprogramm und sorgt für eine entspannte Atmosphäre, in der dein Kind die gewohnte Sicherheit und Geborgenheit spüren kann.

Was brauchst du während der Eingewöhnung? Wie fühlt es sich für dich an, dass dein Kind außerhäuslich betreut wird? Auch dein Alltag verändert sich, wie geht es dir damit? Sprich darüber.

Wenn es mal schwerfällt

Nicht jeder Tag wird gleich verlaufen. Das gilt sowohl für die Eingewöhnung als auch für den routinierten Kita-Alltag. Du selbst gehst auch nicht jeden Tag gleich gern zur Arbeit, so ist es auch für dein Kind in der Kita. Das muss nicht gleich bedeuten, dass dein Kind unglücklich in der Tageseinrichtung ist. Es gibt eben Tage, an denen es lieber mit dir zusammen sein möchte (dann ist es keine Entscheidung gegen die Kita, sondern eine Entscheidung für dich) oder einfach lieber zu Hause spielen möchte. Wenn es zeitlich für dich passt, spricht nichts dagegen, dein Kind an diesem Tag auch mal zu Hause zu lassen. Kommuniziere aber klar, dass es sich dabei um eine Ausnahme handelt, die davon abhängig ist, ob du es zeitlich einrichten kannst oder nicht.

DAS HERZ AUF DER HAND

Falls dies nicht möglich ist, hilft euch folgendes Ritual: Malt euch gegenseitig ein Herz oder ein anderes verbindendes Symbol auf den Handrücken. Dein Kind kann immer daraufblicken, wenn es dich vermisst. Du stellst also eine Verbindung her, obwohl ihr gerade nicht zusammen sein könnt. Alternativ kann auch ein Gegenstand helfen, den ihr beide über den Tag hinweg bei euch tragt. Der Gedanke daran, dass ihr beide das Gleiche bei euch habt, kann deinem Kind gut helfen und ein Gefühl von Sicherheit vermitteln. Beim Abholen könnt ihr dann die Symbole (oder die Gegenstände) wieder zusammenführen, so wie ihr euch auch.

Das schlechte Gewissen

Wenn du dein Kind in die außerhäusliche Betreuung gibst, ist das ein bedeutsamer Schritt. Vielleicht hast du ihn sehr bewusst getroffen, vielleicht war es eine Entscheidung, die von äußeren Rahmenbedingungen abhängig war, weil zum Beispiel beide Elternteile wieder arbeiten müssen oder wollen. Die Entscheidung dazu trifft einzig und allein deine Familie, niemand sonst. Vielleicht musstest du diese Entscheidung schon vor anderen rechtfertigen oder erklären. Wichtig ist in erster Linie, wie wohl du dich damit fühlst. Dabei will ich dir helfen.

Zuerst möchte ich deshalb mit dem Begriff „Fremdbetreuung" aufräumen. Er wird häufig benutzt, führt in die Irre und hat nur einen Sinn: dir ein schlechtes Gewissen zu machen. Ist dein Kind nämlich einmal eingewöhnt, so trifft es in der Kita auf keine fremden Personen, sondern auf Menschen, zu denen es eine sichere Bindung aufgebaut hat und die sehr wichtig für dein Kind geworden sind. „Fremdbetreuung" passt also nicht und kommt noch aus einer Zeit, in der propagiert wurde, dass ein Kind ausschließlich bei seiner Mutter groß werden soll. Das ist in der heutigen Zeit aber weder realisierbar noch ist es bindungstheoretisch notwendig. Dein Kind ist in der Lage, eine tiefe Bindung zu mehreren Menschen aufzubauen. Das Dorf heißt also in diesem Falle Kita und bereichert dein Kind in seinen Erfahrungen und mit der Möglichkeit, unterschiedliche Formen von Beziehung kennenzulernen.

Nora Imlau schlägt in ihrem Buch „In guten Händen" vor, die Betreuung der Kinder ganz konkret zu benennen: Kleinkindbetreuung, Kinderbetreuung, familienergänzende Betreuung, institutionelle Betreuung oder eben das, was du im Sprachgebrauch täglich verwendest: die Kita deines Kindes.

Worte haben eine große Macht. So, wie der Begriff „Autonomiephase" den der „Trotzphase" abgelöst hat und eine ganz andere Haltung ausdrückt, so ist es auch beim Thema Kinderbetreuung. Wenn du dir vor Augen führst, was dein Kind alles in der Kita lernen kann und wie viel Spaß es tagtäglich dort hat, kann das dein schlechtes Gewissen, so du eines hast, deutlich minimieren.

Du darfst dein Kind im Alltag vermissen – so, wie dein Kind dich vermissen darf. Gleichzeitig freut ihr euch auch aufeinander und nutzt die gemeinsame Zeit zum Auftanken.

SO GEHT IHR MIT NICHT-ALLTÄGLICHEN SITUATIONEN UM

Im Leben gibt es immer mal wieder Situationen, die vom Alltagstrott abweichen. Das können schöne Ereignisse wie ein Urlaub oder Weihnachten sein, aber auch weniger schöne wie Krankheiten. Und auch in den angenehmen Situationen können Unsicherheiten oder Konflikte auftauchen. Für dieses Kapitel habe ich fünf Ereignisse herausgesucht, die vom Alltag abweichen und häufig vorkommen. Ich zeige dir, wie du dein Kind dabei gut mitnimmst und begleitest. Die Inspirationen dazu lassen sich gut auf viele weitere Situationen übertragen.

Bevor ich zu den verschiedenen Ereignissen komme, möchte ich dir die Angst nehmen, dass Kinder durch Abweichungen vom Alltag zu sehr verwirrt werden und nicht mehr in ihre Routinen zurückfinden.

Gerade, wenn dein Kind noch klein ist, braucht es Struktur und Routinen für seine Sicherheit im Alltag. Diese Sicherheit ist ein wichtiger Rahmen, der deinem Kind hilft, die Welt um es herum zu verstehen und einzuordnen. Sie hilft deinem Kind, sich ausprobieren und genau diese Welt entdecken zu wollen. Das ist richtig. Dennoch kann es viel besser mit Abweichungen umgehen, als du als erwachsene Person es für möglich halten wirst. Zusätzlich stellen diese Abweichungen vom Alltag auch ein großes Lernfeld dar: Dein Kind wird lernen, mit ihnen umzugehen, und es wird dadurch ein großes Stück resilienter, also widerstandsfähig für Herausforderungen. Es lernt, sich auf Neues einzustellen, mit Veränderungen umzugehen und Lösungen zu finden, wenn alltägliche Routinen fehlen. Veränderungen gehören zum Leben. Je früher dein Kind lernt, mit ihnen umzugehen, desto weniger bedrohlich wirken sie in der Zukunft.

Abweichungen vom Alltag bieten also eine gute Gelegenheit, die Anpassungsfähigkeit deines Kindes zu entwickeln und neue Erfahrungen zu sammeln, eigene Grenzen zu erweitern und flexibel zu werden.

Damit dein Kind aber auch wieder gut in den Alltag zurückfindet, ist es wichtig, dass du es gut dabei begleitest. Diese Punkte helfen dir dabei:

- **Kommunikation.** Sei offen und transparent und erkläre deinem Kind, wenn Veränderungen anstehen. Gib ihm die Möglichkeit, Fragen zu stellen oder auch Ängste offen anzusprechen, und nimm diese ernst. Dein Kind hat oft noch keine konkrete Vorstellung davon, was wirklich auf es zukommt, und kann das Ausmaß (bei einem Umzug zum Beispiel) in Gänze noch nicht begreifen. Es braucht dich und deine Einordnung, um gut damit umgehen zu können.
- **Struktur und Routinen.** Auch wenn es Ausnahmen vom Alltag gibt, ist es wichtig, bestimmte Routinen beizubehalten. Dadurch fühlt sich dein Kind sicherer und hat einen Ankerpunkt, an dem es sich festhalten kann.

- **Empathie und Geduld.** Dein Kind kann auf Veränderungen mit starken Emotionen reagieren, sie sind oft die einzige Ausdrucksweise, die es hat. Sei verständnisvoll und geduldig, denn dein Kind kann noch nicht so vorausschauend mit neuen Situationen umgehen. Es fehlen ihm schlicht entsprechende Erfahrungen. Vielleicht hilft mal wieder der Perspektivwechsel: Auch für dich ist ein Umzug mit unterschiedlichen Emotionen verbunden, du freust dich auf den Urlaub, bist aber auch etwas unsicher, oder gehst mit gemischten Gefühlen zu einem Familienbesuch. Deinem Kind geht es nicht anders, es hat aber noch nicht so viele Methoden im Rucksack wie du, um damit umgehen zu können. Manche Kinder entwickeln bei Veränderungen Verhaltensauffälligkeiten, die sie sonst nicht oder nicht mehr zeigen; sie nässen zum Beispiel wieder ein oder entwickeln Ängste. Ist das bei deinem Kind auch so, gilt es hier, besonders sensibel und achtsam mit deinem Kind umzugehen und nah mit ihm in Beziehung zu sein. Je mehr Verständnis du für dein Kind aufbringst, desto leichter hilfst du ihm durch diese Zeit der Veränderung.
- **Vertraute Objekte und Rituale.** Vertraute Gegenstände oder Rituale helfen deinem Kind, sich sicherer zu fühlen. Das kann ein Lieblingsspielzeug, ein Kuscheltier oder ein Abendritual sein, das ihm Trost spendet und ihm dabei hilft, sich in ungewohnten Situationen besser zurechtzufinden. Je mehr du dein Kind einbeziehst und es aktiv an den veränderten Abläufen und anderen Routinen teilhaben lässt, desto besser wird dein Kind damit umgehen können.

Auf den folgenden Seiten gehe ich mit dir durch einige typische Abweichungen vom Alltag. Natürlich gibt noch viele mehr. Du kannst die Inspirationen auf die unterschiedlichen Situationen übertragen.

Besuche

Manche Besuche sind lange im Voraus geplant, andere ganz spontan. Im Alltag wirst du Besuche nicht immer nach deinem Kind richten können oder wollen, aber als Familienmitglied auf Augenhöhe solltest du die Bedürfnisse deines Kindes berücksichtigen.

In der Regel planst du als erwachsene Person anstehende Besuche. Sei ehrlich zu dir selbst: Wie oft fragst du dein Kind, ob es Lust hat, Tante und Onkel zu besuchen oder zu den Großeltern zu fahren? Probiere es ab jetzt mal anders und beziehe dein Kind in Besuche ein:

Kommuniziere rechtzeitig, wenn ein Besuch ansteht, und visualisiere diesen im Kalender, falls ihr einen nutzt. Vermeide zu kurzfristiges Losgehen, wenn dein Kind noch mitten im Spiel ist, und kündige die Abfahrt rechtzeitig an. Erinnere dein Kind an den Besuch, wenn es noch etwas Größeres vor der Abfahrt beginnen möchte.

Höre deinem Kind zu, wenn es keine Lust hat. Versuche, mit deinem Kind gemeinsam herauszufinden, warum das so ist. Mögliche Gründe können sein:

- **Der Zeitpunkt.** Finden Besuche nach der Kita statt, ist dein Kind vielleicht schlicht zu müde dafür. Finden sie am Wochenende statt, kann es sein, dass dein Kind mitten im Spiel ist, gemeinsam mit euch die Zeit verbringen möchte oder andere Pläne hat. Unter Umständen war die Woche voller Impulse, und nun braucht dein Kind nicht weitere Menschen um sich herum. Auch wenn dein Kind die Großeltern (oder anderen Besuch) mag, handelt es sich dabei um einen „Termin", der von deinem Kind wieder verlangt, zu kooperieren.
- **Die Art des Besuches.** Manchmal empfinden Kinder Besucher*innen als Eindringlinge in ihre Privatsphäre. Euer Zuhause bedeutet für dein Kind Sicherheit, Geborgenheit und Familie. Es gibt Phasen, da empfindet dein Kind fremde oder nicht zur Familie gehörende

Personen als unangenehm. Andersherum ist es genauso möglich, dass dein Kind nicht gerne zu einer anderen Person in deren Haus geht.

- **Ängste oder Abneigungen.** Das kann eine undefinierbare Abneigung sein, es kann aber auch konkrete Gründe geben, zum Beispiel etwas, was deinem Kind Angst macht. Der dunkle Eingang bei euren Freund*innen, das gruselige Bild bei Oma an der Wand, das intensive Aftershave von Opa (dein Kind kann ihn buchstäblich nicht riechen), ein anderer Erziehungsstil *(„Tante Frida nörgelt immer an mir herum!“)*.
- **Keine Lust.** Völlig legitim. Hier hilft wieder der Perspektivwechsel: Hast du immer gleich viel Lust auf Besuche? Möchtest du nach einem langen Arbeitstag auch eher deine Ruhe als noch mal Action? Hast du dein Wochenende gerne frei und unverplant? Dein Kind vielleicht auch. So kannst du das lösen:

Sprich mit deinem Kind und frage es nach seiner Meinung. Das ist oft die einfachste Lösung. Ist dein Kind noch zu klein, kann es dir auf anderen Wegen mitteilen, warum ein bevorstehender Besuch gerade anstrengend ist. Spricht dein Kind noch nicht oder noch nicht ausreichend, versuche, dich in dein Kind hineinzufühlen und mögliche Ursachen herauszufinden. Vielleicht findest du den langen Hausflur zur Wohnung deines Bruders auch gruselig.

Akzeptiere ein Nein. Wenn es möglich und für dich okay ist, sage auch mal einen Besuch ab. Das kann die gesamte Familie entspannen und gibt deinem Kind das Gefühl, dass seine Bedürfnisse, Wünsche und Emotionen gehört und ernst genommen werden. Der nächste Besuch kann dadurch auch deutlich entspannter werden. Das heißt nicht, dass du deine komplette Freizeitplanung ausschließlich an deinem Kind ausrichten sollst. Aber eben so, dass alle Familienmitglieder gut in ihren Bedürfnissen gesehen werden.

Sei flexibel und bitte auch andere darum. Wenn du merkst, dass es deinem Kind schwerfällt, heute das Haus zu verlassen, dann lade die Großeltern falls möglich spontan zu euch ein. Vielleicht ist es nicht der Besuch an sich, sondern einfach nur das Bedürfnis, zu Hause zu bleiben.

Wenn dein Kind mehr Zeit mit dir braucht, führe bewusste Familienzeiten ein, die nur dir beziehungsweise euch als Familie gehören.

Familienfeste und Feiertage

Nicht selten hängt der Familiensegen gerade an Feiertagen und Familienfesten schief. Es treffen viele Personen mit noch mehr Bedürfnissen aufeinander und gerade Kinder müssen sich oft anpassen und einfügen. Damit Familienfeste mit der ganzen Familie wie Weihnachten oder Familienbesuche gut und ohne Stress verlaufen, kannst du ein paar Vorkehrungen treffen.

Klärt Erwartungshaltungen

Klärt im Vorfeld, welche Erwartungen es an diese Art der Zusammenkünfte gibt. Dies kann schon sehr viel entspannen. Manchmal wird gar nicht kommuniziert, sondern alles so gemacht, wie „es eben immer schon war". Mit Kindern kommt aber oft auch ein frischer Wind in diese Rituale und es ist an der Zeit, sie zu überdenken. Gerade, wenn Generationen aufeinandertreffen, kann es unterschiedliche Erwartungshaltungen geben. Weihnachten ist da ein sehr gutes Beispiel. Kleine Kinder finden eine dunkle Kirche eher bedrohlich und es ist für sie sehr langweilig, so lange still sitzen zu müssen. An solchen Tagen spürt dein Kind ja auch die Aufregung und das Besondere, ist doppelt aufgedreht oder emotional involviert. Je älter dein Kind ist, desto mehr wird es die Bedeutung verstehen, die Aufregung ist aber trotzdem da. Eine Option wäre hier, dass ihr euch erst nach der Kirche trefft. Das Gleiche gilt für andere Feierlichkeiten, bei denen langes Stillsitzen auch von den Kindern erwartet wird. Das entspricht schlicht nicht deren Entwicklungsstand und fordert zu viel von ihnen ein. Das darfst du gerne so kommunizieren, denn du schützt damit dein Kind.

Redet miteinander

- Sprecht also innerhalb der Familie, wie sich alle diese Feiern und Zusammenkünfte vorstellen, und sage klar, wie du dir das mit deinem Kind vorstellst.
- Frag auch dein Kind, was es sich wünscht. Jedes Kind sollte innerhalb der Familie eine Stimme haben.
- Kläre vorher etwaige unterschiedliche Erziehungsfragen zwischen den Generationen bzw. verbitte dir im Vorfeld Einmischungen oder gar Maßregelungen für dich oder dein Kind.
- Ist das vorher nicht möglich, lass dich am Fest nicht auf Diskussionen ein: *„Ich begleite mein Kind anders als du in deiner Generation. Wir können uns gerne mal in Ruhe austauschen, aber jetzt ist nicht der richtige Zeitpunkt dafür.“*
- Überlege mit deinem Kind gemeinsam, wie eine Feierlichkeit gut gestaltet werden kann, und sei dir klar, was du möchtest. Wie wichtig ist es dir, dass dein Kind beim Essen die ganze Zeit mit am Tisch sitzt? Welche Spiele möchte dein Kind gerne mitnehmen? Darf es am Tablet oder Handy spielen, wenn es ihm langweilig wird? Was findet dein Kind an solchen Feiern doof, was gut?
- Die Kleiderfrage ist auch oft ein wichtiges Thema. Lass dein Kind aus zwei Outfits wählen und gib ihm so das Gefühl, dass es aktiv an der Entscheidung beteiligt war. Wichtiger als irgendeine Kleiderordnung ist das Wohlbefinden deines Kindes: Du musst dich vor niemanden rechtfertigen, wenn die Kleiderwahl deines Kindes nicht den Konventionen deiner Familie entspricht. Freu dich über dein selbstbestimmtes Kind, das ist viel wichtiger, und lass dich auch diesbezüglich nicht auf Diskussionen ein.

Vergiss den Perfektionismus

Amerikanische Weihnachtsfilme vermitteln oft ein sehr idyllisches Bild von Weihnachten. Auch bei anderen Familienfesten und -feiern haben wir oft den Anspruch, dass sie perfekt gestaltet sein müssen. Die Frage aber ist doch: Für wen muss es denn so perfekt sein? Viel wichtiger ist doch das Zusammensein der Familie.

Feiert ihr innerhalb eurer Kernfamilie, so könnt ihr diese Feste ohne Rücksicht auf Konventionen feiern. Heiligabend im Schlafanzug zu verbringen, weil ihr das alle so wollt, ist super. (Im festlichen Outfit, wenn es euch wichtig ist, übrigens auch.) Ihr seid niemandem Rechenschaft schuldig.

Je mehr du die Bedürfnisse deines Kindes mit einplanst, desto entspannter wird es für alle Beteiligten. Also mach die Bescherung am Nachmittag, pack gemütliche Klamotten zum Toben für den 80. Geburtstag der Oma mit ein oder verzichte auf Events, die für dich mit kleinem Kind nur anstrengend sind, und komm zum gemütlichen Teil dazu.

Beziehe dein Kind in die Planung und Gestaltung ein. Kinder haben oft sehr gute Ideen und sind sehr kreativ. Bastelt zusammen, wenn ihr beide darauf Lust habt. Backt Plätzchen und bemalt Ostereier, wenn ihr beide Freude daran habt. Wenn nicht, kauft Plätzchen beim Bäcker oder lass Oma mit deinem Kind die Eier färben. Du bist kein besserer oder schlechterer Elternteil, wenn du diese Dinge nicht tust oder sie an andere Personen, die mehr Spaß daran haben, übergibst.

ACHTUNG: FESTE SIND KEINE ERZIEHUNGSMASSNAHMEN

Egal, ob ihr religiöse Elemente in euren Feiern habt oder nicht: Sie sollten niemals als Erziehungsmaßnahme missbraucht werden. Der Nikolaus kommt also nicht nur zu den braven Kindern (was immer „brav" auch sein sollte) und den Osterhasen interessiert es auch nicht, ob ein Zimmer aufgeräumt wurde oder nicht. Kinder sollten diese Feste ohne Erwartungsdruck und Ängste mitfeiern dürfen. Sie müssen sich nicht besonders gut benehmen, nur weil Weihnachten ist, und sollten sich auch ohne Angst vor Sanktionen darauf freuen dürfen. Oder würde es tatsächlich weniger Geschenke zu Weihnachten geben, wenn der große Bruder noch einmal seine kleine Schwester ärgert? Vermutlich nicht.

Urlaub und Ferien

Der Urlaub ist für viele die schönste Zeit des Jahres, für Eltern mit Kindern aber auch oft eine sehr stressige Zeit, denn nicht immer bedeutet Urlaub mit Kindern auch Erholung für die Eltern. Und gerade die ist so dringend nötig. Deshalb ist es wichtig, den Urlaub gut vorzubereiten. Vieles kannst du mit deinem Kind gemeinsam erledigen, auf vieles kannst du dich und dein Kind schon im Vorfeld vorbereiten.

URLAUB ZU HAUSE

Wenn du mit deinem Kind zu Hause bleibst, kannst du viele meiner Tipps etwas abgewandelt genauso nutzen: Macht euch gemeinsam einen Plan, was ihr alles unternehmen wollt. Wenn es geht, nutze dein Dorf dazu – vielleicht hat ja die Tante auch mal frei und möchte mit deinem Kind ins Freibad gehen? Frage dein Kind, worauf es Lust hat, und erkläre, wenn etwas nicht möglich ist und warum.

Du musst dein Kind in den Ferien nicht jeden Tag entertainen oder ihm ein Event bieten. Ihr könnt aber ein paar Highlights einbauen, die es nur in den Ferien gibt. Das muss weder aufwendig noch teuer sein, z. B. Eis selbst machen, ein Picknick im Grünen, eine Übernachtung im Zelt im Garten, eine Wasserschacht und vieles mehr.

Und auch in den Ferien darf es, wie auch am Wochenende, hin und wieder ein kleines bisschen mehr Medienzeit sein, denn dein Kind hat frei und erholt sich vom Kita-Alltag. Denk an dich: Welche Regeln handhabst du im Urlaub lockerer? Das hilft dir, dein Kind besser zu verstehen.

Wenn ihr im Urlaub verreist, ist die Planung ein bisschen umfangreicher. Ich gebe dir ein paar Impulse, wie ihr diese Zeit gemeinsam gut zusammen gestalten könnt.

Planung ist die halbe Miete

Beginne mit der Planung so früh wie möglich. Bezieh dein Kind so gut es geht ein. Je älter dein Kind ist, desto konkretere Vorstellungen wird es haben. Überlegt gemeinsam in der Familie, welche Wünsche und Bedürfnisse mit dem Urlaub verbunden sind und wie man ihnen möglichst gut gerecht werden kann. Manchmal lässt sich nicht alles unter einen Hut bringen, dann versucht, gemeinsam Lösungen zu finden oder auch Ideen auszuprobieren, die erst mal nicht im Fokus stehen (getrennte Urlaubstage zum Beispiel).

Auswahl des Reiseziels

Es ist ein schöner Prozess, wenn alle Familienangehörigen gemeinsam an der Auswahl des Reiseziels beteiligt sind. Aber am Ende wirst du als erwachsene Person den größeren Überblick und Erfahrungsschatz haben und die Entscheidung treffen. Falls der Urlaub dann aber zum Beispiel in die Berge und nicht, wie von deinem Kind gewünscht, ans Meer geht, solltest du dir im Vorfeld schon Gedanken darüber machen, was deinem Kind dort besonders gefallen könnte, und dies bis zur Abfahrt immer wieder erwähnen oder visualisieren. Ansonsten kann der Urlaub anstrengend werden.

Aktivitäten und Unternehmungen

Habt ihr euch für ein Urlaubsziel entschieden, überlegt gemeinsam, welche Aktivitäten ihr vor Ort unternehmen könnt. Schaut Reiseführer oder Bilder im Internet an. Du kannst eine Schatzsuche für dein Kind erstellen, bei der es Ziele oder Aktivitäten vor Ort auf einer Liste abstreichen kann, wenn es mit dir dort war oder eine Aktivität stattgefunden hat. Die Wartezeit bis zum Urlaub kannst du auf einem Zeitstrahl verdeutlichen. Gemeinsam könnt ihr jeden Tag nach dem Aufwachen einen Tag wegstreichen. Das hilft deinem Kind einzuordnen, wann es losgeht. („In 10 Tagen“ ist für dein Kind noch zu abstrakt.)

Je besser auch du auf das Reiseziel vorbereitet bist, desto entspannter eure Reise. Informiere dich über folgenden Punkte:

- Wie ist die Unterkunft ausgestattet, gibt es ein Baby- oder Familienbett, einen Hochstuhl, eine Waschmaschine, Wasserkocher usw.?
- Wie weit ist die nächste Apotheke entfernt, und wie sieht es mit der (kinder)medizinischen Versorgung vor Ort aus?
- Gibt es (die gleichen?) Windeln zu kaufen und alles Weitere, was du für dein Kind brauchst? Was musst du unbedingt mitnehmen, was kannst du auch gut am Reiseziel kaufen?
- Wie kindersicher ist die Umgebung? (hohe Betten, steile Treppen, direkter Zugang zum Pool usw.)
- Wie kinderfreundlich ist die Umgebung?
- Wenn ihr nicht mit dem Auto unterwegs seid, aber vor Ort ein Auto leihen möchtet: Gibt es Kindersitze zum Ausleihen dazu?

Klug packen

Je nach Urlaub, Transportmittel und Möglichkeiten vor Ort wirst du mehr oder auch weniger mitnehmen können. Das gilt natürlich auch für dein Kind. Bereite dein Kind darauf vor, was es vor Ort erwartet (Sonne, Berge, Wasser, ...), und überlegt gemeinsam, was man dafür mitnehmen muss. Visualisiere das mit Fotos oder einer Bilderliste, auf der ihr abstreichen könnt, was schon eingepackt ist.

Wenn dein Kind einen kleinen Kinderkoffer hat, darf es ihn selbst packen, ansonsten kann es dich beim Packen deines Koffers unterstützen. Hilf deinem Kind, indem du die Vorauswahl triffst: *„Hier hast du fünf T-Shirts, drei davon kannst du mitnehmen. Welche möchtest du einpacken?“* oder wenn das Kind noch kleiner ist: *„Möchtest du die blaue oder die grüne kurze Hose mitnehmen?“* So gibst du deinem Kind das Gefühl, dass es mitentscheiden kann (kann es ja auch), aber du triffst natürlich die Vorauswahl, da es noch nicht abschätzen kann, was wirklich vor Ort gebraucht wird.

Anreise

Wie kommt ihr ans Urlaubsziel? Die Wahl des Verkehrsmittels ist ein wichtiger Teil der Planung. Im Auto könnt ihr eventuell mehr Dinge mitnehmen als im Flugzeug. Ist dein Kind noch nie geflogen, bereite es mit Büchern, Videos und Fotos darauf vor. Das steigert die Vorfreude, erleichtert aber auch den Flug, wenn dein Kind ungefähr weiß, was alles passiert. Je nach Ziel werdet ihr bezüglich des Verkehrsmittels keine Wahl haben, zum Beispiel, wenn es nur mit einem Langstreckenflug zu erreichen ist. Dann erkläre deinem Kind, dass auch ihr das nicht auswählen könnt.

Bei termingebundenen Transportmitteln habt ihr wenig Einfluss auf die Abfahrtszeit; reist ihr mit dem Auto, könnt ihr selbst entscheiden, wann es losgeht. Mit kleinen Kindern empfiehlt sich eine Fahrt durch die Nacht oder ein Start am sehr frühen Morgen, wenn das für dich vorstellbar ist. Wenn du Glück hast, verschläft dein Kind einen großen Teil der Anfahrt und du kannst ein großes Stück entspannt durchfahren.

Fahrt

Mach es dir so einfach wie möglich. Nimm Dinge mit ins Auto, die dein Kind gerne mag und die es im Sitzen gut spielen kann. Bücher, Puppen etc. bieten sich an; auch Malsachen, falls du etwas zum Tisch umfunktionieren kannst. Es gibt Stifte, die nur auf einem bestimmten Papier malen und nicht auf der Haut oder dem Autositz. Tablet und Co. sind wunderbare Helfer, wenn es deinem Kind zu langweilig wird. Du musst konzentriert fahren, hier heiligt der Zweck die Mittel. Fahren mehr Personen im Auto mit, könnt ihr euch abwechseln – sowohl beim Fahren als auch beim Entertainen des Kindes. Plant außerdem genug Pausen mit ein. Biete deinem Kind zwischendurch die Möglichkeit, sich zu bewegen, sei es auf einem Spielplatz oder auf einer großen Wiese. Hauptsache, es kann ein bisschen aktiv und mobil sein.

Flug

Im Flieger gelten die gleichen Regeln. Ist dein Kind noch sehr klein und du hast Sorge, dass sich andere Passagier*innen gestört fühlen könnten, geh gleich in die Offensive: Sag Hallo und stelle dich und dein Kind vor. Kündige an, dass es vielleicht stellenweise etwas lauter werden kann und biete an, dass man dich auch ansprechen kann, wenn etwas nicht okay sein sollte. Allerdings ist dein Kind ein Kind und hat Bedürfnisse. So sorgst du für einen guten Start, weist aber gleichzeitig darauf hin, dass dein Kind trotzdem authentisch sein wird. Übrigens: Babyfläschchen und Babynahrung dürfen mitgenommen werden; hier gelten die Sicherheitsregeln für Flüssigkeiten nicht.

Vor Ort

Endlich angekommen! So aufregend und schön alles ist, bitte vergiss nicht: Für dein Kind ist es eine Umstellung, vom gewohnten Zuhause in eine neue Umgebung zu wechseln. Es kann sein, dass dein Kind gerade in der Nacht ängstlicher als sonst ist oder anders (schlechter) schläft. Die ersten Tage sind also wie eine kleine Eingewöhnung. Du hilfst deinem Kind, indem du es in viele Dinge gleich von Anfang einbeziehst:

- Packt gemeinsam die Koffer aus, überlegt, wo alles stehen soll, das auch für dein Kind wichtig ist (z. B. die Trinkflasche oder das Spielzeug).
- Lass dein Kind wenn möglich aussuchen, wo es schlafen möchte.
- Erkundet gemeinsam die Umgebung und natürlich eure Unterkunft. Wo ist die Toilette, wo schlafen Mama und Papa, wo geht es zum Essen? Besprecht klare Regeln *(„Du verlässt nur mit Mama oder Papa das Zimmer/Ferienhaus.“)* und einen Notfallplan, ohne Panik zu verbreiten. *(„Hier ist die Rezeption, hier kannst du immer hingehen, wenn du dich doch mal verlaufen hast. Sie rufen uns dann an und wir holen dich wieder ab.“)*
- Gibt es einen frei zugänglichen Pool, besprecht unbedingt auch Regeln dafür. Dein Kind sollte nie unbeaufsichtigt in die Nähe des Pools gelangen dürfen, schon gar nicht, wenn es noch nicht schwimmen kann. Ein Kind hat erst mit etwa 5 bis 6 Jahren die körperlichen und geistigen Voraussetzungen, um sicher schwimmen zu lernen. Und auch das Seepferdchen ist kein Freifahrtschein für Alleingänge am Pool.
- Überlegt gemeinsam, wann ihr welche Ausflüge unternehmen wollt, und lass auch mal dein Kind entscheiden. Es ist euer aller Urlaub, und es sollten alle Bedürfnisse gesehen und respektiert werden.

- Überlege für dich, ob es Abweichungen von Alltagsregeln geben darf: also mehr Medienzeit also sonst, mehr Süßigkeiten oder eine spätere Schlafenszeit. Du musst dir keine Sorgen machen, dass dein Kind sich daran gewöhnt und es im Alltag dann wieder schwieriger werden wird, denn Kinder können den Unterschied in der Regel erkennen und je nach Alter auch gut verstehen. Du kennst dein Kind aber am besten: Wenn du das Gefühl hast, dein Kind braucht auch im Urlaub klare Strukturen und gewohnte Regeln, dann übernimm diese auch im Urlaub. Sei aber ehrlich zu dir selbst und hinterfrage selbstkritisch, ob wirklich dein Kind der Grund für bestimmte Entscheidungen ist oder nicht doch am Ende du. Beides ist legitim, sollte dir aber bewusst sein.

URLAUB VOM URLAUB

Urlaub mit Kind, gerade mit Kleinkind, ist oft nur der gewohnte (anstrengende) Alltag in anderer Umgebung. Damit das nicht der Fall ist und auch du zu einer guten und wichtigen Erholung kommst, baue Momente ein, in denen du Urlaub vom Urlaub machst. Geh ohne Kind spazieren (sofern möglich), gönne dir eine Massage, mach Yoga am Strand oder was auch immer dir guttut. Kommuniziere das klar deiner Familie gegenüber und nimm dir bewusst diese Auszeiten.

Nach dem Urlaub

Der Urlaub ist vorbei und es geht wieder nach Hause. Für dein Kind bedeutet das einen Übergang, der begleitet werden sollte. Verabschiedet euch also bewusst vom Meer, vom Lieblingskellner, vom Ferienhaus. Sprecht darüber, worauf es sich zu Hause besonders freut. Bereite es auf das Urlaubsende vor, indem du es auch klar so benennst: *„Heute ist das letzte Abendessen, morgen das letzte Frühstück im Hotel“*, und so weiter.

Wenn ihr wieder zu Hause seid, gib dir und deinem Kind genug Zeit, um gut dort anzukommen. Der Urlaub war – egal wie er stattgefunden hat – eine Zeit voller neuer Impulse und Eindrücke, eine Abweichung vom Alltag und vermutlich auch eine Zeit, die ihr intensiver zusammen verbracht habt. Ihr müsst nun wieder gemeinsam in den Alltag zurückfinden.

Sprecht über das Erlebte, schaut gemeinsam Fotos an, gestaltet zusammen ein Urlaubsalbum und zelebriert, wenn möglich, den letzten Urlaubstag zu Hause, bevor es am nächsten Tag wieder mit dem Alltag (Kita, Job) losgeht. Bereitet diesen Start auch gemeinsam vor: Packt die Kita-Tasche zusammen, geht für den Inhalt der Brotbox einkaufen und so weiter.

Umzug

Ein Umzug bedeutet eine Veränderung des wohnlichen Lebensmittelpunktes. Je nachdem, wie lange dein Kind im alten Zuhause gewohnt hat, wird es dort mehr oder weniger Erinnerungen gesammelt, viele Meilensteine erlebt und sich zu Hause gefühlt haben. Je älter dein Kind, desto bewusster wird es auch sein Zuhause wahrnehmen. Im besten Falle bietet es ihm Sicherheit, Geborgenheit und Schutz. Je älter dein Kind ist, desto autonomer hat es auch seine eigenen Räume (eigenes Zimmer, Spielecke im Wohnzimmer etc.) gestaltet und mit Leben gefüllt.

Ein Umzug bedeutet also immer auch ein Abschied von Gewohntem, eventuell auch vom Sozialraum, wenn es in eine andere Stadt oder Gegend geht. Dein Kind muss in diesem Prozess gut emotional begleitet werden.

Bis zu einem Alter von 2 Jahren versteht dein Kind noch nicht wirklich, was ein Umzug bedeutet. Du kannst es phasenweise trotzdem in die Vorbereitungen einbeziehen, aber es ist schlicht noch zu klein, um das alles gut verstehen und einordnen zu können. Trotzdem merkt und spürt es, dass eine Veränderung ansteht.

Ältere Kinder brauchen eine intensivere Begleitung, das heißt für dich: viel erklären, Fragen und eventuelle Sorgen ernst nehmen und dein Kind viel einbeziehen.

Egal also, in welchem Alter dein Kind ist: Ein Umzug bedeutet immer Veränderung, und dein Kind braucht dich dabei.

Vorbereitung

Ein Umzug kann lange im Voraus geplant sein oder sehr kurzfristig anstehen. Je älter dein Kind ist, desto mehr wird es diesen Prozess aktiv mitbekommen. Sei also so transparent wie möglich und vor allem: ehrlich. Je ausführlicher sich ein Kind auf die neue Situation und auf das neue Zuhause vorbereiten kann, desto besser.

Manchmal passieren Dinge unvorhergesehen und es muss schnell gehen. Auch ein Umzug kann manchmal plötzlich passieren, etwa weil aus Eigenbedarf gekündigt wurde, sich die Lebensumstände geändert haben oder das Traumhaus angeboten wird. In der Regel aber hast du immer etwa drei Monate Zeit, um zu planen.

- Wenn du in der Lage bist, in Ruhe ein neues Zuhause zu suchen, dann beziehe dein Kind ein. Je älter dein Kind, desto konkreter. Macht eine Familienkonferenz und überlegt, wie das neue Zuhause sein soll, was unbedingt drin sein muss, was euch wichtig ist und was „nice to have". Brich das gerne mit deinem Kind auf den kleinsten Nenner herunter. Basics sind: ein Bad, eine Küche, ein Wohnzimmer, je nach persönlicher und finanzieller Situation eine entsprechende Anzahl an Schlafzimmern.

- Braucht ihr ein Arbeitszimmer für Mama oder Papa? Wie toll wäre ein Garten oder ein Balkon? Ein Haus oder eine Wohnung? Du selbst weißt, was für eure Familie und finanzielle Situation realistisch ist. Es wäre ein falsches Versprechen, wenn du mit deinem Kind große Häuser im Internet anschaust, aber eigentlich nur eine Zweizimmerwohnung infrage kommt. Du solltest also eine Vorauswahl treffen und deinem Kind erklären, was realistisch ist und wonach ihr schaut. Es gibt viele Bilderbücher zu diesem Thema, das kann helfen, die Situation vorstellbarer zu machen.
- Erstelle mit deinem Kind eine Liste, was alles getan werden muss: Objekte anschauen, Mietvertrag unterschreiben, ausmisten, packen, eventuell neue Möbel kaufen, Umzug planen, Auto mieten, Umzugsfirma beauftragen, auspacken, einrichten usw. Bei manchen Punkten wird dich dein Kind nicht unterstützen können, bei anderen wie ausmisten und packen kann dein Kind sehr wohl involviert sein. Auch wenn einige Dinge für dein Kind noch zu abstrakt sind (z. B. Mietvertrag unterschreiben), schreibe es trotzdem auf die Liste. Dein Kind sieht, dass es viele Punkte gibt, an die ihr bzw. du denken musst. Das hilft auch für das Verständnis, wenn du in dieser Zeit manchmal weniger Zeit für dein Kind hast, weil du viele Dinge erledigen musst. Mit Bildern kannst du diese Liste gut visualisieren.
- Baue trotzdem bewusste Zeit mit deinem Kind ein. Ein Umzug ist stressig, aber dein Kind braucht gerade in dieser Phase viel Nähe und extra Zeit mit dir, die es an anderer Stelle gerade nicht so viel hat.
- Wenn möglich, schaut euch gemeinsam das neue Zuhause an. Geht durch die Zimmer und überlegt, welches Zimmer in Zukunft welche Funktion bekommen wird. Richtet euch schon mal gedanklich ein und überlege mit deinem Kind zusammen, wo z. B. das Sofa stehen könnte. Du kannst Bilderkarten dafür verwenden, und dein Kind kann diese an den richtigen Platz legen. Wenn ein Wechsel der Kita ansteht, schaut euch auch diese vorher an. Wenn möglich von innen, aber auf jeden Fall von außen. Du kannst dich auch schon informieren, wo die nächsten Spielplätze sind, was es in der Gegend alles gibt, wo Spielgruppen oder Sportvereine sind.

- Wenn ihr neu baut, schaut euch das Grundstück an. Vermutlich wird das Thema „Bauen“ bei euch in nächster Zeit sehr präsent sein. Schaut also auch hier Bilderbücher dazu an, kauft einen kleinen Bagger für den Sandkasten usw.
- Beobachtet und bestaunt gemeinsam den Fortschritt und schmiedet gemeinsam Pläne, wo wohl welches Zimmer sein wird.
- Braucht ihr neue Möbel? Geht zusammen einkaufen. Gerade beim Kinderzimmer kannst du dein Kind viel mitentscheiden lassen.

Packen und Abschied

- Vor dem Packen steht bei einem Umzug oft das Ausmisten. Mach das mit deinem Kind gemeinsam, vor allem wenn es sich um die persönlichen Dinge deines Kindes handelt. Was muss unbedingt mit? Was ist zu klein geworden und kann ausgemistet werden?
- Wenn klar ist, was ihr mitnehmen wollt, könnt ihr packen. Das darf auch gerne ein Spielzeug oder Kuscheltier aus der Babyzeit sein oder etwas, aus dem dein Kind bereits herausgewachsen ist. Vermutlich hängen viele Erinnerungen daran und dieser Gegenstand gibt Sicherheit.
- Je kleiner dein Kind, desto unkoordinierter läuft das Kistenpacken noch ab. Vermutlich wirst du den Umzugskarton noch mal nachpacken müssen. Dein Kind bekommt so aber das Gefühl, aktiv mitzuwirken, und auch immer mehr eine Vorstellung davon, was ein Umzug bedeutet.
- Wenn ihr in eine andere Stadt zieht, werdet ihr euch von Familie und Freund*innen vor Ort verabschieden müssen. Am besten passiert das mit einem Abschiedsfest, zu dem auch dein Kind Freund*innen einladen darf. Ihr könnt das auch auf Etappen und einzeln machen. Verabschiedet euch auch von den alten Nachbar*innen. Für dein Kind ist das bewusste Verabschieden wichtig – und für dich bestimmt auch.
- Besprecht, ob es möglich ist, dass die alten Freund*innen deines Kindes am neuen Wohnort zu Besuch kommen können, tauscht Nummern und Mailadressen aus (falls nicht eh schon vorhanden)

und überlege gemeinsam mit deinem Kind, wie es in Kontakt bleiben kann. Briefe, Bilder, Videoanrufe usw. können hier eine gute Lösung sein.

- Geht noch einmal durch das alte Zuhause und sagt bewusst Tschüss. Dein Kind kann so verinnerlichen, dass etwas Neues geschieht und etwas Altes abgeschlossen wird. Abschiedsschmerz darf sein und sollte unbedingt zugelassen werden. Gleichzeitig wird es auch Freude aufs neue Zuhause geben – diese Ambivalenz kann dein Kind verwirren, und es braucht dich und deine Begleitung dabei.

Der Tag des Umzugs

Dieser Tag wird sehr individuell verlaufen, je nachdem, ob ihr selbst viel zu tun habt oder eine Umzugsfirma beauftragt habt. Auf jeden Fall wird es ein großer Tag werden. Du kennst dein Kind und deine Situation am besten und kannst gut einschätzen, ob dein Kind besser:

- voll dabei ist und den kompletten Umzugstag beobachten kann und vielleicht sogar mithelfen darf,
- in der Kita ist und am Nachmittag dazukommt oder
- bei den Großeltern oder anderen nahen Bezugspersonen bleibt und dazukommt, wenn vieles schon erledigt ist.

Dieser Tag kann dein Kind also bestärken, weil es aktiv dabei war, er kann dein Kind aber auch maximal überfordern. Wichtig ist immer, dass es weiß, was passiert und dass heute der Tag des Umzuges gekommen ist.

Feiert diesen Tag – macht am Abend ein Picknick auf dem Boden oder bestellt euch Pizza, die ihr im Garten esst, oder irgendetwas anderes, das euch als Familie ein erstes gutes Gefühl im neuen Zuhause vermittelt.

SCHLAFPROBLEME

All das ist aufregend für dein Kind. Das Schlafverhalten kann sich in der ersten Nacht, aber auch noch in den ersten Tagen oder auch Wochen verändern. Hilfreich können hier Dinge sein, die dein KInd von zu Hause kennt und die bereits griffbereit sind: die Kuscheldecke, das Kuscheltier, ein bekanntes Nachtlicht oder das Lieblingsvorlesebuch. Bleibe so gut es geht beim gewohnten Einschlafritual. Geh mit ihm aktiv den Weg vom neuen Kinderzimmer ins Schlafzimmer ab, wenn dein Kind nicht bei euch schläft. Lass am Anfang ein kleines Licht an, sodass sich dein Kind gut zurechtfinden kann, wenn es nachts aufwacht.

Die ersten Tage

Gemeinsames Auspacken

Ihr seid eingezogen, und jetzt geht es ans Auspacken, Aufbauen, Montieren. Dein Kind kann dir dabei so viel helfen! Gib ihm Kartons, die es gut allein auspacken kann, und lass ihm viel Handlungsspielraum, wo die Sachen hinkommen. Baut die Möbel zusammen auf. Wenn es sich um gefährliche Arbeiten handelt, lass es die Aufbauanleitung halten oder die Schrauben reichen. So ist dein Kind involviert und es kann aktiv das neue Zuhause mitgestalten. Überlegt, wo welche Bilder aufgehängt werden können und wo das Sofa nun final im Wohnzimmer stehen soll.

Gestaltung des Kinderzimmers

Es ist dein Haus oder deine Wohnung, aber das Zimmer deines Kindes. Je älter dein Kind ist, desto mehr Mitspracherecht sollte es auch bei der Gestaltung haben. Auch kleine Kinder wissen oft schon genau, was sie möchten. Braucht ihr neue Möbel, so sucht sie euch zusammen aus. Überlegt, wo die alten Möbel stehen können. Und ganz wichtig: Akzeptiere die Wahl deines Kindes, soweit realistisch und möglich, auch wenn es dir schwerfällt. Möchte dein Kind gerne grüne Vorhänge, du magst diese Farbe aber nicht, überlege genau, was außer deiner Abneigung dagegenspricht, dass dein Kind grüne Vorhänge hat. Für dein Kind bedeuten diese grünen Vorhänge sehr viel mehr:

- Es bekommt die Farbe, die es sich wünscht und schön findet.
- Es wurde gehört und ernst genommen.
- Sein Wunsch wurde respektiert und so erfüllt.

Mitsprache beim Einräumen

Beim Einräumen gilt das Gleiche – gib deinem Kind so viel Mitspracherecht wie möglich. Wenn du anderer Meinung bist, gilt das gleiche Prinzip wie bei der Gestaltung des Zimmers: Geht es um dein persönliches Empfinden oder sprechen auch rationale Gründe dagegen? Sind die Ideen deines Kindes wirklich nicht realisierbar oder praktikabel, dann erkläre deinem Kind, warum dies nicht möglich ist. Begleite es durch die Wut und den Frust und zeig ihm auf, wo es echten und wertgeschätzten Handlungsspielraum hat. Dein Kind wird unglaublich stolz sein, wenn es sein Zimmer weitgehend selbst gestalten und bestimmen darf.

Erkunden der neuen Umgebung

Ihr seid eingezogen, die ersten Kartons sind ausgepackt und die Möbel aufgebaut. Jetzt geht es darum, deinem Kind die neue Umgebung zu zeigen, um ihm gleich von Anfang an ein sicheres Gefühl zu vermitteln. Das kannst du auf unterschiedliche Art und Weise machen:

- Macht ganz klassisch einen Spaziergang.
- Bereite eine Schatzsuche vor: Wo findest du den Bäcker, wie weit ist es zum nächsten Spielplatz, wo steigen wir in den Bus, welcher Nachbar hat eine 24 auf dem Haus?
- Geh verschiedene Wege mit deinem Kind, die alle nach Hause führen. So lernt dein Kind, sich zu orientieren.
- Erkundet gemeinsam neue Spielplätze, schaut euch Sportvereine etc. an und falls es relevant ist, auch die neue Kita.

Ankommen

Ihr wohnt nun schon eine gewisse Zeit im neuen Zuhause und die ersten Routinen sind in eurem Leben angekommen. Vielleicht stehen noch ein paar Umzugskartons herum, die Lampen hängen noch nicht alle oder du suchst manchmal noch Dinge, die im alten Zuhause anders verstaut waren. Deinem Kind geht es nicht anders: Es ist angekommen, aber das Gefühl von Zuhause muss sich erst entwickeln und aufbauen. Das braucht Zeit. Manchmal verändert sich ein neues Zuhause auch noch, wenn zum Beispiel neue Möbel dazukommen oder ein Bild umgehängt wird. Das ist wunderbar, denn euer neues Zuhause wächst und gestaltet sich mit euch zusammen.

- Deinem Kind hilft es, wenn es in viele Prozesse und auch Überlegungen einbezogen wird: *„Das Bild gefällt mir doch nicht so ganz an dieser Stelle. Was meinst du, wo könnte noch ein guter Platz dafür sein?"* Stellst du keine Frage, sondern weißt ganz genau, wo der neue Platz sein soll, so sag das deinem Kind auch so: *„Das Bild gefällt mir über dem Esstisch nun doch nicht so gut, wie ich dachte. Ich werde es lieber in den Flur hängen."*
- Deinem Kind können ganz andere Dinge ein Gefühl von Sicherheit und Geborgenheit geben als dir. Veränderst du noch mal etwas, kann es sein, dass du damit auch eine neu aufgebaute Sicherheit veränderst; nimm dein Kind deshalb gut mit.
- Bedeutet der Umzug auch eine Veränderung der Kita, so startet ihr erneut mit der Eingewöhnung. Für dein Kind kommen hier mehrere Unsicherheitsfaktoren hinzu: das neue Zuhause, die neue Kita, die neuen Kinder. Das kann ganz schön viel auf einmal sein, und deshalb solltet ihr diese Schritte nicht nur sehr gut begleiten, sondern sehr gut planen, auch in Absprache mit der Bezugserzieherin oder dem Bezugserzieher. Im besten Fall ist dein Kind auch von der alten Kita gut für den Übergang in eine neue Kita vorbereitet worden.
- Bilderbücher helfen dir hier, die Prozesse gut zu begleiten.

Wichtig ist immer: Geh in Beziehung und Kommunikation mit deinem Kind. Was braucht dein Kind? Wovor hat es womöglich Angst? Wie geht es mit Unsicherheiten um? Aber auch: Was brauchst du und was sind deine Bedürfnisse? Melden sich bei dir Ängste oder vielleicht auch dein schlechtes Gewissen, dein Kind aus der gewohnten Umgebung genommen und in eine neue versetzt zu haben? Vielleicht kommt dein Kind gut klar und deine Befürchtungen stehen eher dir im Weg?

Krankheit

In diesem Kapitel geht es nicht um die Versorgung eines dauerhaft erkrankten Kindes, sondern um die typische Erkältungswelle oder den Magen-Darm-Infekt aus der Kita. Ist dein Kind chronisch oder schwer krank, ist das Teil deines Alltags. Hierzu gibt es andere Bücher, die dir helfen können, den Alltag gut zu bewältigen. Zum Beispiel „Mein chronisch krankes Kind“ von Bella Berlin (humboldt, 2021).

Kinderkrankheiten kommen oft über Nacht oder sehr spontan. War dein Kind am Tag noch putzmunter, kann es trotzdem passieren, dass es mit Fieber ins Bett geht, in der Nacht spuckt oder die Kita anruft, dass dein Kind Durchfall hat und du es aus der Einrichtung abholen sollst. Natürlich passt „Kind krank“ nie. Wenn du und/oder deine Partnerperson arbeitet oder du an diesem Tag einfach Termine hast, dann bedarf diese ungeplante Situation einer guten (Um-)planung. Natürlich bist du für dein krankes Kind da, ganz so einfach ist das aber oft nicht umzusetzen.

Nimm die Situation an

So esoterisch das klingen mag: nimm an, was du nicht ändern kannst. Es bringt weder dir noch deinem Kind etwas, wenn du den ganzen Tag ein schlechtes Gewissen den Dingen gegenüber hast, die nun liegen bleiben oder verschoben werden müssen.

Plane vor

Gibt es zwei Sorgeberechtigte, so klärt am besten ab, wer wann zu Hause bleibt. Oft ist es eine Abwägung von Terminen oder sonstigen Umständen, für wen es an diesem Tag besser passt. Dauert die Krankheit länger, könnt ihr euch auch aufteilen. Bist du allein für dein Kind verantwortlich, sorge im Vorfeld für ein gutes Netzwerk, für dein Dorf. Oft ist es jedoch so, dass gerade an solchen Tagen ein Elternteil vom Kind gebraucht wird und dein Dorf dich mit anderen Dingen unterstützen kann (Essen vorbeibringen oder Einkäufe erledigen).

Kommuniziere klar mit Kolleg*innen und Vorgesetzten

Vermutlich wissen deine Kolleg*innen und deine Vorgesetzten, dass du für ein Kind verantwortlich bist, und rechnen damit, dass du auch mal ausfallen kannst. Je klarer du das kommunizierst und im „Ernstfall" dazu stehst, desto besser wird dein Team damit zurechtkommen. Mach dir kein schlechtes Gewissen und lasse dir auch keines einreden. Diese Tage stehen dir zu und sind wichtig für dein Kind.

Kuschelt

Kranke Kinder brauchen oft eine Extraportion Kuschelzeit. Du kennst dein Kind am besten und je älter es ist, desto mehr kannst du auch dein Kind fragen, was es gerade braucht. Baut euch ein Kuschelnest auf dem Sofa oder im Bett, holt Kuscheltiere dazu und genießt diesen extra Kuscheltag zum Gesundwerden.

Erlaube Ausnahmen bei der Medienzeit

Wie bereits mehrfach im Buch erwähnt, dürfen Medien in Ausnahmesituationen auch mal länger als sonst zum Babysitter werden. Viele Erwachsene kuscheln sich bei einer fiesen Grippe gerne ins Bett und schauen ihre Lieblingsfilme oder -serien. Kinder möchten in dieser Situation auch nicht denken müssen und lassen sich genauso gerne berieseln. Ihr könnt vorher besprechen, was dein Kind gerne sehen möchte und wie lange die Medienzeit an diesem Tag sein darf. Besprecht diese Ausnahme und erkläre sie deinem Kind. So hast du auch ein paar Momente am Tag, an denen du auch noch deine Aufgaben erledigen kannst oder einfach mal eine Pause hast. Das ist völlig legitim und darf ohne schlechtes Gewissen stattfinden.

Koch dein Kind gesund

Die beste Medizin ist immer noch viel Liebe und gutes Essen, sofern dein Kind Appetit hat. Ein krankes Kind sollte immer ausreichend viel trinken, es ist aber nicht schlimm, wenn es auch mal ein paar Tage nichts oder nur sehr wenig isst. Für manche Kinder bewirkt das Lieblingsessen aber wahre Wunder. Auch die Lieblingssüßigkeit kann über den kranken Tag helfen. Ist dein Kind fit genug, könnt ihr zusammen kochen oder backen. Frag dein Kind, worauf es Lust und Appetit hat.

Nutzt die Zeit

Kinder sind wahre Wunderwerke und können zwischen zwei Fieberschüben topfit durch das Haus toben. Überlegt gemeinsam, worauf dein Kind Lust hat, und nutzt den Tag auch für Aktivitäten, zu denen ihr sonst nicht kommt – die aufgebaute Eisenbahn, der Dschungel im Wohnzimmer oder der Parcours durchs ganze Haus. Auch ruhige Aktivitäten wie Malen oder Basteln bieten sich an.

HOMEOFFICE MIT KIND

Manchmal geht es nicht anders und du musst zwischendurch oder komplett im Homeoffice arbeiten.

- Sag das deinem Kind und besprecht klare Regeln. Etwa, dass es immer anklopfen muss oder dass es leise ins Zimmer kommen soll statt mit lautem Karacho, vor allem, wenn du auch viel telefonieren musst.
- Vereinbart gemeinsame Pausen, in denen du ganz für dein Kind da bist, etwa zum gemeinsamen Frühstück, in der Mittagspause oder für ein bestimmtes Spiel.
- Frag dein Kind, was es ohne dich braucht, und besprecht alles, was es wissen muss, um gut mit dir durch deinen Arbeitstag zu kommen, z. B. Medienzeiten.

Je älter dein Kind ist, desto selbstständiger wirst du es agieren lassen. Ist dein Kind noch sehr klein, wird die Homeofficelösung vermutlich nur im Notfall machbar sein.

SO WACHST IHR GEMEINSAM

Du bist am Ende dieses Buches angekommen, und ich hoffe, ich konnte deinen Rucksack für die Begleitung deines Kindes mit vielen Impulsen, Tipps und Anregungen füllen.

Nicht alle Situationen werden auf dich und deine Lebenssituation passen, aber ich lade dich ein, dich inspirieren zu lassen und die Ideen an eure Situation anzupassen.

Ich wünsche dir und deinem Kind eine spannende Reise durch euren gemeinsamen Alltag, möchte dich ermutigen, deinem Kind viel zuzutrauen, und dir sagen, dass du dich auch um dich selbst kümmern darfst. So könnt ihr gemeinsam wachsen und in Beziehung bleiben.

Ich freue mich auf deine Rückmeldung und Erzählungen aus deinem Alltag. Melde dich gerne auf meinem Instagram-Profil @poppy_pebbles_and_me oder auf X (ehemals Twitter) unter @MrsMarry Poppins. Den pädagogischen Austausch und meine Angebote findest du auch unter www.pebbles-paedagogik.de.

Alles Liebe

LITERATUR

Bechmann, Carolin und Reimer, Dominique: Ich kann schon schlafen. humboldt, 2022

Fröhlich, Laura: Wackelzahn-Pubertät: Gelassen durch die 6-Jahres-Phase. humboldt, 2020

Hummel, Inke: Der Mönkel und der geheimnisvolle Turm. edition claus, 2020 (+ alle Folgebände)

Hummel, Inke: Mit allen Sinnen wachsen. humboldt, 2023

Imlau, Nora: Der Familienkompass. Ullstein, 2020

Imlau, Nora: In guten Händen. Ullstein, 2022

Kaushal, Anita: Mit Kindern wohnen. Knesebeck, 2007

Kobel, Susanne und Wartha, Olivia: Starke Rituale – starke Familie. humboldt, 2023

Ludwig, Harald (Hrsg.): Montessori Praxishandbuch der Montessori Methode. Herder Verlag, 2010

Mierau, Susanne: Geborgene Kindheit – Kinder vertrauensvoll und entspannt begleiten. Kösel, 2017

Mierau, Susanne: Frei und unverbogen. Beltz, 2021

Schimmelbusch, Antonius: Kinderkram – Kinderzimmer für kleine Leute von heute. Gestalten, 2018

Weber-Eisenmann, Barbara und Wurzbach, Lisa: Liebevoll durch die Trotzphase. humboldt, 2022

Weber-Eisenmann, Barbara: Kinder liebevoll stärken. humboldt, 2023

Werschler, Moana: Mama, ich will Brokkoli! humboldt, 2023

Winter, Romy: Krisenfest – Das Resilienzbuch für Familien. Kösel, 2021

Wilson, Judith: familyliving. Wohnideen für die ganze Familie. DVA, 2008

DANKE!

Meinem Mann Mirko. Du unterstützt mich, erträgst meine Launen, hörst mir zu, verlierst nie den Glauben an mich und hältst mir so oft den Rücken frei. Ich liebe dich.

Meiner Tochter. Du bereicherst mein Leben jeden Tag und zeigst mir, wie wichtig es ist, Kinder liebevoll zu begleiten. Danke, dass ich deine Mama sein darf.

Meiner Familie und Freunden. Ihr seid vielleicht in der Hochphase des Schreibens ein bisschen zu kurz gekommen. Ich kann euch nicht alle namentlich nennen, aber ihr wisst, dass ihr gemeint seid.

Nora Imlau, Jana Geiger, Dr. Olivia Wartha und Dr. Susanne Kobel. Vielen Dank für eure Expertise und eure unterstützenden Worte.

Dem humboldt Verlag. Danke, Mark Wachsmann, dass du nie aufhörst, an mich zu glauben. Danke an Melanie Asche für deinen Support und deine Geduld. Danke auch an alle anderen aus diesem großartigen Team.

Meiner wunderbaren Lektorin Katharina Spangler. Es ist bereits unser drittes Buch zusammen, und es ist so großartig, mit dir zu arbeiten. Du bist eine Freundin geworden und machst mein Buch zu dem, was es am Ende ist.

Meiner Freundin und Kollegin Inke Hummel. Ohne dich, deine Inspiration und deinen Schubs hätte ich nie angefangen zu schreiben. Pommes und Marzipan stehen immer für dich bereit.

Dr. Esther Ulmer. Sie haben mich durch eine Zeit begleitet, in der ich das Buch unter ganz besonderen Umständen geschrieben habe.

Meiner Social-Media-Community auf X (ehemals Twitter) und Instagram. Durch den Austausch, viele Gespräche und Inspirationen bestärkt ihr mich und gebt mir viel Input zum Schreiben.

Gefühlen und Gedanken rund um den Schulstart Raum geben

- Einzigartiges Konzept: Vorlesegeschichte und Elternratgeber in einem Buch
- Kindliche Gefühle ernst nehmen und darüber sprechen – das Buch bietet Hilfestellungen für Eltern und Identifikationsmöglichkeiten für Kinder
- Mit vielen Tipps und Impulsen, damit Eltern und Kind ins Gespräch kommen

Inke Hummel

Ups, ich komme in die Schule

80 Seiten, illustriert von Verena Potthast
17,0 x 24,0 cm, Hardcover
ISBN 978-3-8426-1726-1
€ 18,00 [D] · € 18,50 [A]

Der Ratgeber ist auch als eBook erhältlich.

humboldt

...bringt es auf den Punkt.

Bibliografische Information der Deutschen Nationalbibliothek
Die Deutsche Nationalbibliothek verzeichnet diese Publikation in der deutschen Nationalbibliografie; detaillierte bibliografische Daten sind im Internet über https://dnb.de abrufbar.

ISBN 978-3-8426-1729-2 (Print)
ISBN 978-3-8426-1730-8 (PDF)
ISBN 978-3-8426-1731-5 (EPUB)

Originalausgabe

Die Ratgebermarke der Schlütersche Fachmedien GmbH
Hans-Böckler-Allee 7, 30173 Hannover
www.humboldt.de
www.schluetersche.de

Lektorat: Katharina Spangler, Neumarkt i. d. OPf.
Covergestaltung: ZERO Werbeagentur, München
Coverfoto: Shutterstock/lena_nikolaeva, HappyPictures
Korrektorat: Miriam Buchmann, Hannover
Satz und Illustrationen: PER MEDIEN & MARKETING GmbH, Braunschweig
Druck und Bindung: gutenberg beuys feindruckerei GmbH, Langenhagen

Gedruckt mit mineralölfrei hergestellten Druckfarben und Strom aus erneuerbaren Energien. Die eingesetzten Klebe- und Bindestoffe entsprechen den derzeitigen Umweltstandards, die vom RAL Institut für Gütesicherung und Kennzeichnung geprüft wurden. Die Druckplattenentwicklung erfolgte mit reduziertem Einsatz von Chemikalien.

Klimaneutral
Druckprodukt
ClimatePartner.com/10951-2312-1003